人生、オチがよければすべてよし！

立川談慶

晶文社

装丁　坂川栄治＋鳴田小夜子（坂川事務所）
装画　村田善子

はじめに　「下から目線」は面白い

全国のみなさま、お元気ですか？　落語立川流真打ち、立川談慶です。

この本をよくぞ手に取って、しかも開いてくださいました。

こちらは、みずほ総合研究所が発行する『Fole（フォーレ）』に連載中の人気コラム「立川談慶の人生なんとかなる！」を一冊にまとめた本であります。

五年ほど前、「日本全体が疲れています。落語を一席聴いたあとのように読者の方が楽しい読後感を味わえるような月一コラムをお願いできないでしょうか？」とフリー編集者の倉田波さんから口説かれるがままに始まり、以降毎月彼女に乗せられ、おだてられ、気がつくと新刊に相当するだけのコンテンツになっていました。

ちょいと過去を振り返ります。

昭和が終わったころは、バブルの真っ最中でした。私はワコールという女性下着の会社の新人サラリーマンとして、なんとなく来るべき時代の閉塞感を予想し、「好きなことを仕事にしたい！」と無性に思い続けるようになり、そして子供時代の夢でもあった落語家への転身を決意しました。そのことを周囲に明かすと、反応はとても冷ややかで、「こんなに好景気なのになぜ？」というような率直な疑問をぶつけられてばかりでした。

平成三年に立川談志門下に入門しましたが、当時ピークだった日本経済とは対照的に、落語家見習いとして毎日師匠談志に怒鳴られ続けるという人生の最低点から私はスタートすることになりました。

あれから約三〇年。

時代はうって変わってあの頃とは真逆で日本経済は大不況が続き、デフレスパイラルを克服せずにいます。一方私はというと、最高点とまでは言えませんが、その後二つ目、真打ちと地道に階段を上り続けている形です。

日本の経済事情と私の芸人としての進み具合は見事にクロスしているような感じでしょうか。

ここで一つの仮説が浮かんできました。

落語家は徒弟制度の最底辺のマイナス状態からスタートするから、世の中のことを面白く見つめられるのかも、と。すなわち「上から目線」の逆で「下から目線」だからこそ楽しく愉快に見つめることが出来るのでは。世間一般の皆様とは違った角度で世の中を把握するからこそ落語家なのでは、と。

そんな談志の弟子らしく見方を変えるキッカケを書き連ねた財産がここに結集していま
す。毎月毎月ミツバチが集め続けたひとしずくがハチミツになるかのように、ほぐしたカ
ニの身がたっぷりたまってカニ缶になるかのようにこの本が仕上がりました。

「隣の芝生が青いなら、隣から見れば自分ちの芝生は青く見えているはず」です。とらえ
方を変える心のストレッチ本の誕生です。

この本を読み終えたら、きっと心が軽くなっているはずです。

ご期待ください！

立川　談慶

壱　八つあんの巻

弐 熊さんの巻

参

与太郎の巻

四 ご隠居さんの巻

特別対談

落語は人生の「集合知」——釈徹宗×立川談慶

壱　―　八つぁんの巻

「めんどくさい上司」になろうよ

初めまして！　立川談志の直弟子、立川談慶と申します。

五年分の「こう考えれば何とかなるさ」をまとめてみました。まじめにふざける内容です。とくとお楽しみください。

はてさて、第一回目は「上司と部下」について考えてみようかと。

私、以前ワコールという女性下着の会社に勤務していたこともあり、また落語家になって二九年、今は師匠と呼ばれる立場でもありますので、「上司」の心持ちも分かります。さらには今秋五五歳にもなりますから、「上司」と「部下」の板挟み、中間管理職の気分も満喫する日々です。要は「扱いにくい部下だなあ」という上司の気持ちも、「めんどくさい上司だなあ」という部下の心も読める立場だというわけです。

めんどくさいといえば、四年前に亡くなった師匠談志は、とにかくめんどくさい人でした。人が聞き流すようなことでも「理詰め」で処理したがるのです。

数年前、師匠と山形に旅に出たときのこと。某航空会社の「プレミアムシート」には特製弁当が付いていました。

「おう、ねえさん（CAを堂々とそう呼んでいました）、それねえ、俺は今、このなかで食べられないからオミヤにしてくれる？」

「持ち帰る」というのを機内で「オミヤ」と呼ぶのも師匠だけでしょう。

当のCAさんはマニュアルに則り、「食品衛生上の観点から、お持ち帰りは出来ません」ときっぱり答えました。普通の会社の「上司」ならそこで引き下がるのでしょうが、ここからが立川談志のすごさでした。

「おう、じゃあ、あんたのところの飛行機会社は、何かい？　客が家に持って帰るまでに腐るようなものを機内で食べさせているのか？」

泡食ったCAさんはすぐ奥に戻り、おそらく「めんどくさいお客対応マニュアル」かなんか調べて来たのでしょう、「特例」として師匠にはオミヤを渡して丸く収めました。

三つ子の魂百までも、小さいころ石の投げっこに興じていて、近所のおじさんに「克由！お前の投げた石があのウチの窓ガラス割ったらどうするんだ!?」と怒られたとき、「おじさん、割ってから文句いいなよ」と答えた師匠。どこまでも屁理屈、理詰めなのです。師匠はその後でこうもいいました。「俺はな、あの弁当を持ち帰って家で食べて食中毒になったとしても、それは自分の責任だから文句はいわないんだ」

私の前座修業期間中も、「修業とは不合理矛盾に耐えること」と定義していましたので、こちらは受け身の立場ゆえ、甘んじて受け入れるしかありませんでした。今考えると、「めんどくさささ」という自分のキャラを利用して、大事なメッセージを送っていたのかもしれません。

また、「前座の仕事は師匠である俺を快適にすること」との定義もしていましたから、私は足りない頭で「どうすれば師匠に喜んでもらえるか」を必死に思考トレーニングする日々を送りました。これは、「俺という超絶個性の持ち主を喜ばせる感性を身に付ければ、大衆を喜ばせる＝売れるなんて簡単だ」といいたかったのではないかと、今さらながら深く噛みしめるのみであります。

無論、一般社会の「上司と部下」に我々のような徒弟制度の「師匠と弟子」の間柄を当てはめるのはナンセンス。第一、談志のような上司の存在などそもそもあり得ません。でも、さすが上司の皆さん、部下に「あえてめんどくさいことをさせる」というプチ冒険はいかがでしょうか？

いきなりたくさんは無理としても、例えば「自分が感動した本を部下に一冊読ませて、期日までに感想文を書かせる」など、手始めにいかがでしょう。その際、部下が忙しい仕事を抱えていたら、さりげなく一言、「君ともあろう優秀な人間なら、簡単なはずだよね」と「殺し文句」を添えるのです（談志は殺し文句上手でもありました）。

最近は「パワハラ」といわれたらどうしよう」と悩む上司もいると聞きますが、一方でパワハラなる言葉が先走ったせいで上司側も萎縮し、結果、部下の成長のキッカケを奪っているとしたら、お互いに不幸ですよね。やはり、「めんどくささ」は実は大事ではないかと、師匠と呼ばれる「上司」の立場になった今、あらためてそう思います。

いや、むしろ、上司や師匠の「めんどくささ」のなかから「大事なもの」を嗅ぎ取るセンスと感受性を、部下や弟子は身に付けるべきだと思うのです。それには互いに「めんどくささ」を肯定し合うしかありません。そんなプロセスを通じて「相互信頼」というかけがえのないものが手に入ると私は確信しています。

こんな現代だからこそ、我々のような世界からヒントとなる事柄をお伝えして参りたいと存じます。

人生成り行き

「サドにはマゾ」の心構えで

サドとマゾ。

いわゆるＳＭですな。

しかしまあ、これほどアングラ世界から飛び出して、市民権を得た言葉はないですな。だって私が中学生ぐらいのころには、「一部の特殊な趣味をもつ人達への呼び名」でしたから。それが今では、小学生でも使うレベル。まるでアダルトビデオの世界でスターになって、地上波のバラエティ番組でも人気者になった、今は亡き飯島愛さんのようですな。

さて、よくお客様から、「談志師匠はサドっぽい人でしょ？」などといわれます。確かに、食べ物屋さんでサインを頼まれると必ず「我慢して喰え」と書く破天荒さなどから、そう想像する方は多いかと思います。

実際タクシーに乗った時、こんなことがありました。師匠と二人乗り込んだ私は行き先を告げました。すると、たまたま機嫌が悪かったのか、馬券を外したか、運転手さんがつっけんどんな対応を取ったのです。「地雷を踏んだな、この運転手さん」と密かに思った刹那。なんと師匠の怒りの矛先は私に向かって来たのです。

「てめえ、この野郎、運転手様に向かってなんて口のきき方をするんだ、バカ野郎！」

「畏れ多くも運転手様だろ⁉　普段、俺があれほどいっているのに、まだお前はわからないのか⁉」

師匠は私の頭にヘッドロックを決め、バンバン叩き始めました。一瞬何が起きたかわからない私でしたが、師匠の叩き方に明らかに制御が働いているのと、私に向けられた罵詈雑言も通常の激怒とは全く異なり、根底に茶目っ気を感じられるトーンだったのとで、なぜか急におかしくなってきました。

驚いたのは当の運転手さん。

「しまった、あの立川談志をなぜか怒らせてしまった」とばかりに、即座にしおらしくなり、目的地まで到着すると、お礼の言葉すら述べて、まるで前非を悔いるかのように走り去ってゆきました。

見送りながら師匠はうって変わってにこやかになり、「な？　ああやれば、大抵の運転手はおとなしくなるだろ。これ使えるぞ」

これは芸人の師弟同士のおふざけですが、ふつーの人間関係においてもかなり示唆的な行為です。コミュニケーションの達人たる談志は「俺がこう振る舞えば、向こうはこう来るだろう。だから俺はこう動く」と常にあくまでさりげなく、先手先手を読みながら行動する人でした。まずこの場面、考えてみると、誰も傷ついていないのです。運転手さんの態度が悪いとき、直接それを指摘すれば、行き先までお互い気持ちよくはなりません。かといって何もいわなかった場合、そのフラストレーションは後に残ったりなんかします（聖人君子ではありませんもの）。

そんなとき、本来ならば運転手さんに向けるべき怒りのベクトルを、「こいつなら俺のシャレ、わかってくれるだろう」と、弟子を標的にすることによってモヤモヤ感を解消できるだけでなく、現場の私にしてみれば、「師匠に信頼を寄せてもらえた」という喜び、さらには、このコラムのネタにもできるという財産すら付与された形なのであります。

何がいいたいかというと、サドとマゾの間には「信頼関係」ありきなのです。もっというと、師匠や上司がサド的に振る舞うなら、弟子や部下はマゾ的に受け止めるべきなのです。無論、そこには「信頼関係」があることが前提です。いや、今はともかく、今後、「信頼関係」を築こうとしたら、立場上サド的にならざるを得ない上司には、マゾ的に振る舞えばいいのです。

前回、「上司はめんどうな無茶振りを少しはすべき。部下はある程度それを受けるべき」

と書きましたが、それを実践するための心構えとして、こんなスタンスはいかがかと述べているのです。さらにここが肝心ですが、誰もが根っからのサドや、根っからのマゾではありません。サド的気質の上司にもマゾ的場面が、マゾ的気質の部下にもサド的場面があるはず。そんなエアポケットを狙うのです。

あなたがサドよろしくいつもガミガミいう上司なら、飲み会の席などで弱気になったフリをして、「いつも俺ばかり勝手なことをいってるよな。たまには君もいいたいことがあるだろ」と部下に水を向けるのも一つの手です（かつて日本人は、これを無礼講と呼びました）。

要するに、部下に弱みを見せるのです。「ローンが大変」「子供の教育が…」など何でも構いません。談志は、弟子を前に映画の試写会で号泣したり、気に入らない飲食店の対応に子供のように怒って見せたり、弱みというか、脇の甘さを惜しみなく露呈した人でした。

今振り返ると、厳しさのなかにユルサもあった修業時代。そうです、ＳとＭではなく、それらを包括するような、その上の「Ｌ」を目指しましょう。

あの頃を
思い出す。
トラウマ

「無理難題」にはリターンエースを

飛行機のなかでのやり取り、タクシーのなかでの出来事と、ここまで師匠談志の激しい「無茶振り」の一端をご紹介致しました。実は、こんなのはまだ「前座レベル」。いってしまえば、あくまで「付き人」としての、「師匠を快適にするための立ち居振る舞い」に過ぎません。

そこで今回は、「本当にすごい無理難題」についてお話ししたいと思います。その前に、ここで談志の落語家人生を総括してみましょう。

師匠は昭和二七年、一六歳の時に先代柳家小さん師匠の元に入門し、落語家としてスタートを切りました。そしてその後、昭和五八年に弟子の真打ち昇進の一件を巡って落語協会を飛び出し、自らを家元に据えて落語立川流を創設しました。このあたり、我々立川流の人間は「落語協会を飛び出した」と表現していますが、落語協会側は談志一門を「追い出した」と表現しています（笑）。

そして、亡くなったのが四年前の七五歳ということを踏まえると、入門してから三〇年後に立川流を立ち上げ、それからさらに約三〇年後、自らの芸の完成と弟子の成長を見届ける形でこの世を去ったという落語家人生が浮かび上がって来ます。

兄弟子の立川談春兄さんは、立川流を研究所だと定義しました。いい得て妙です。つまり、師匠談志の落語協会での三〇年は、自らの理想を追求するための偉大なる助走期間だったといえます。落語家になって三〇年後、落語協会のしきたりやしがらみから脱して自らが王となる「地上の楽園」を建設すべく羽ばたいたのです（これが立川流が〝落語界の北朝鮮〟といわれる理由でもあります）。

さて、完全なる自由を手にした師匠は、弟子の育成についても理想の全てを追求することになりました。自らの芸も作品なら、弟子も、理想の落語家像を体現する作品と定義したのでしょう。その姿勢は、前座の上の二つ目、そして真打ちへの昇進基準の高さとなって現れました。

そうです。「無茶振り」は、ここへきて日頃の行動レベルから芸のレベルへと高められました。他の一門に比べて異様に長い前座修業期間が、それを証明しています。

私もこれには戸惑いました。入門前は「落語を五〇席覚えたら、誰でも二つ目に昇進させる」とされていた基準のハードルがさらに上がり、「歌舞音曲」という大項目の達成が追加されたのです。「昇進試験」を経るごとに新たな唄や踊りを覚えて来いと要求されることは、フルマラソンを走り終えた選手が、「よし、次は走り幅跳びと砲丸投げな」といわれるようなもの。こうなれば、研究所というより、北朝鮮よろしく「収容所」に近い絶望感しか募りません。

私は他の一門の三倍以上の九年半もの期間を前座で過ごすことになり、弟弟子の談笑にも先を越されて腐りかけました。ある先輩からは「立川ワコール（前座名）はブラブラしているな」と見事に評されたものです。

「必死で覚えた唄や踊りを師匠に見せに行くたびに、『じゃあ、こっちも覚えろ』なんていわれてばかり。師匠は俺を昇進させたくないのだ」

そう考えました。いや、そう考えた方が楽だったのです。酒にも溺れそうになりましたが、でも、ここでふと考え直しました。

「待てよ。このままだと、俺が師匠の〝基準〟に攻められっ放しってことじゃないか。防戦一方なんて嫌だ。一回の表の師匠の攻撃が終わったのなら、今度はこっちが攻める番だ！」

発想を変えると、見えない世界が見えて来ます。「師匠に向かって攻めてゆく」なんて、強敵だけにワクワクしてきました。抜かれた談笑にもリサーチして情報収集に努め、師匠が喜びそうな唄や踊りを先手必勝とばかりに身に付け始めたのです。「踊りを五曲覚えろ」といわれたら一〇曲、「かっぽれを覚えろ」といわれたら、それより数段難しい「片足かっぽれ」を覚えました。「唄を三〇曲覚えて来い」といわれたら、倍の六〇曲は身に付ける。サービスエースを狙う師匠に、果敢にもリターンエースを狙い始めたのです。

これはやりがいがありました。そして、そんな形で取り組み始めた途端、流れが変わってきたのです。いや、師匠が自分を見る目を変えてくれたというべきでしょうか。もしかしたら、そういう流れになるまで待っていてくれたのかもしれません。ついにある日、「お前、俺と価値観が一緒になったな」の言葉まで引き出しました。こうなればこっちのもの。二つ目に戸惑ったぶん、真打ちへの昇進は結果として早くなりました。

さて、みなさん。

「無茶振り」というミッションを、提示された以上の内容でクリアすれば、次の主導権は自分が握れます。そうなれば、無理難題を課した相手より優位な立場に立てるのです。強い相手にこそケンカを売りましょうよ。これは絶対痛快なはずです。

ドガ風
かっぽれ

落語は究極の「ロングセラー」

ささて、前回までは「無茶振り」に対する作法を述べてきました。「自分の殻を破り、新たな自分と出会うためのミッション」、これが無茶振りの定義です。

実はこのミッション、「ヒット商品」のつくり方にも通じます。多くの人に求められるものは、「すでにある商品の殻を破る」という困難な無茶振りをクリアしてこそ生まれるのです。さらに、より高いハードルを乗り越えて大多数の心をキャッチしたものがベストセラー、何世代にも渡って「そこにあるのが当たり前」の存在になったものが、ロングセラーといえるでしょう。

考えてみたら、物に限らず、人もベストセラーやロングセラーになろうと努力してきたからこそ、人類の発展もあったのでしょう。誰もが、「ヒット商品」になろうとして、日々を生きているといっても過言ではないはずです。

「ヒット商品を世に送り出す」ことは、「モテる」ことと一緒です。モテるとはつまり、「世間様からおおいに必要とされる」こと。そのために身を削るのは、芸能人や歌舞伎町のホスト、銀座のクラブのお姉さんだけではありません。深夜まで製品開発に勤しむサラリーマン、早起きして店の掃除に精を出す自営の方、猛勉強中の受験生、記録向上を目指してトレーニングに励むアスリート。さらには、こうしてここでくだらない文章を必死に書いている落語家も、みんな自分をヒット商品とするべくモテたがっているわけです（ああ、人って、なんていじましいのでしょうか）。

ここでふと気づいたのですが、落語こそ、そんな日本人の究極のヒット商品、永遠のベストセラー&ロングセラーじゃないでしょうか。

なるほど、「落語なんかこの世からなくなればいい」と思っている人はまずいません。しかも、作者のハッキリした新作落語は別として、大半の古典落語に著作権はありません。おかげで落語家はほぼ全員、ご飯を食べられています。

ま、ここでは、そういう存在に仕立て上げた先輩落語家各位のたゆまぬ努力の恩恵をかみしめつつ、なぜ落語が「超売れっ子商品」になったのかを考えてみましょう。

もともと落語は、上方発祥の文化です。それがやがて江戸へと伝播し、戯作者たちがこぞって作品をつくり上げる文化文政時代に花開きます。さらに、それらに加筆修正が施され、折から発展した徒弟制度とあいまって寄席という場所で口伝にて受け継がれ、この平成の御代にも生き永らえているわけです。

ヒントは、「寄席という場所で口伝にて」という部分です。優秀な戯作者がつくった作品を〝原理主義者〟のように一字一句伝える芸能なら、おそらく能や狂言と同じ道をたどり、今日のような老若男女が楽しめる大衆文化にはならなかったはずです。能・狂言が大衆の感受性をカットし、古典芸能としての道に活路を見出してきたといえるのに対し、落語はあくまで大衆を相手にする寄席という空間で、大衆に寄り添う形で語られてきました。「大衆に寄り添う」とは、大衆の反応や要望に敏感であることを意味します。落語をやり終えるたび、「今日のお客さんはこんな反応だったから、明日はこうしてみよう」というリアルタイムの軌道修正を余儀なくされるのです。

この流れって、企業が「お客様アンケート」を前向きに受け止める姿勢と同じですよね。そう、落語が究極のヒット商品たり得た理由は、「常に消費者のご意見ご要望を、即座に、かつ上手に取り入れる。しかもそれが目下継続中である」ことに尽きると確信します。なんだか、反対意見まで取り入れて巨大化した、かつての自民党と似た匂いを感じますな（そういえば「自民党」もロングセラーの代表格です）。

ここで誤解しないでいただきたいのが、「お客様の意見を全て取り入れるべき」といっているわけではないことです。あくまで落語の本筋からブレることなく、お客様の意見に右往左往することなく、上手に参考にしてきたというバランス感覚が大切です（ま、それが一番難しいところかも、ですが）。

「反対意見も含めて、いろんな見方を取り入れる」。これが落語を含めたヒット商品づくりの共通項だとすれば、これを徹底することで、明日から私もあなたも「モテ人間」になれる気がします。

師匠談志は常々いっていました。「人間がつくったこの世の中、出来ないことなんかない」。実際、師匠は、終生この生き方を全うしました。落語家たればこそ、その姿勢を貫きつつ、他に類のない「ヒット商品」、いやいや、ベストセラーになれたのでしょう。うーむ、やっぱり落語は素晴らしい（それに気づいた私も素晴らしい笑）。

我が家の主治医
オロナインH軟膏
OTSUKA SEIYAKU

「愛のあるクレーム」が欲しい

お客様は神様です！

私は落語家ですから、領収書をもらう時には、いつもこのパロディで「お客様は上様です」とつぶやいています（笑）。墓石屋さんのコマーシャルでは、「お客様は仏様です」というのなんか面白いと思いますな。

さてさて、今回はこの「お客様は神様です」という言葉にフォーカスしてみたいと思います。

前回は「落語というものは、常にお客様からの意見や要望を参考にしつつ、微調整と改善を重ねてきた」と申しました。これを談志流にいうと、「そうしないと不快だったからだろう」ということになります。「人間の行動は不快感の解消である」と定義した談志。その考えに従えば、「周囲のアドバイスを吸収し、常に書き換え、バージョンアップし続けないと不快である」というのが、昔から落語家の生理ということでしょう。

この立場は、商品を世間様に提供するメーカーさんと全く同じです。「お客様は神様です」という、今は亡き三波春夫先生の発言に補助線を引くなら、それは「時間とお金という、かけがえのないものを投資してくださる皆様方（＝お客様）のために、この舞台は命がけで尽くします」という決意表明といえるでしょう。

とはいえ、そうした姿勢は一歩間違えば、「芸人は、お客という〝神様〟に仕えるしもべ」、大げさにいえば、「生産者側の『生殺与奪権』は、消費者であるお客様側にある」という話にもなりかねません。

ここを曲解した（というより、「弱みを握った」と判断した）のが、昨今の「クレーマー」でしょう。マスコミがエキセントリックに取り上げる部分を差っ引いても、目に余るクレームを突きつけるケースが少なくないとか。企業も頭を痛めながら、そんな難癖を少しでも緩和しようと必死です。先日、ワイングラスを買った時、取り扱い説明書に「落とすと割れる場合があります」と記してあったのには爆笑しました（「落としたら割れたぞ！」というクレーマーが過去にいたのでしょうね）。

毒舌で名をはせた談志でしたが、「批判の根底には愛がなければいけない」ともいっていました。以前、確か雑誌の対談で、無教養が売り物の女性タレントが某落語家に、「なんで今どき着物を着ているの？」「なんでいつも昔の話ばかりしているの？」と矢継ぎ早に質問していました。タレントのキャラを立たせ、落語無知と落語家のギャップを笑う主旨だったのでしょうが、一読した談志は、「愛がないんだよな、『そこに愛はあるのですか?』と聞き返せばいいのにな」と一言で切り捨てました。

そうです。それがクレームかどうかは、そこに愛があるかないかで決まるのではないでしょうか。そのためには、落語であれ商品であれ、生産者(発信者)側にもお客(受信者)側にも、「互いに未完成品を授受しているのだ」という前提がなければなりません。その認識に立てば、両者の間に「より素晴らしいものを届け、より素晴らしいものを受け取る」という共通の目的と、その目的のために「ともに同じ方向を向く(愛のある)関係」が生まれます。そうなれば、クレームなど介在する余地はありません(理想ですが)。

無論、未完成品とは欠陥品のことではありません。そうではなく、そこに相互が伸びしろを認めるかどうかなのです。受信者は落語や商品から楽しさや快適さを、発信者はその対価を、と、双方が「受益者」になる間柄になれば最高です。

ここで大事なのが、発信者側のプライド。それが安っぽいと、すべてのクレーマーに振り回され、結果、良質なご意見さえクレーム扱いして瓦解することにもなりかねません。談志はいい意味で、お客様を「教育」もしました。それは決して上から目線で押し付ける説教ではなく、「こうすればもっと落語が楽しめるよ」という「愛」のある説明でした。

自らの芸への絶対的な自信と、それを裏付ける日々の努力。その果ての発言であり、根底には落語家らしく茶目っ気がありました。それは何より、自分の落語が常に未完成であることを熟知した者の、謙虚な姿勢の裏返しでもあったのです。

さて、いろいろ申しましたが、やはり難癖クレーマーにいわれっぱなしは面白くありませんよね。ここで一例を挙げます。独演会終了後、「なんだ、ぜんぜん面白くなかった」と露骨に言い放った愛のない観客に対して、談志はこうやり返しました。

「プログラムのどこに『面白い！』と書いてある？」

天才ならではの決め台詞は一朝一夕には身に付きませんが、努力でこんな「神ワザ対応」が出来たら最高ですね。もしかしたら、「お客様は神様です」というより、「お客様は日々、『神ワザ対応』の研鑽を積ませてくださる貴重な受信者の方々です」と考えたほうが現実的ではと思います（笑）。お互いが成長するために。

お客様は
神様です
三波春夫先生

名人も「見習い」から始めます

完全なる身分社会である落語界。一般社会とはかけ離れたイメージがあるかもしれませんが、果たしてそうでしょうか。

立川流の場合、入門後はまず、「見習い」というランクに置かれます。これは企業でいう試用期間。「前座名すら付けてもらえない」＝「本当の弟子とは認められていない」段階ですから、むろん師匠は「信頼」なぞ寄せません。「いつやめるかわからない。下手すりゃ楽屋泥棒しやがるかも（笑）」と思われている限り、えんえんとこの時期が続きます。

私の場合は相当なドジで、入門早々からしくじりの嵐でしたので「見習い」が一年二カ月続きました（詳しくは拙著をお読みください）。挙句に付いた前座名が、前に勤めていた会社からそのまま拝借した「立川ワコール」。いかに期待されていなかったかおわかりでしょう。

はてさて、前座名が付いたところで、やっと「寄席での楽屋作法が許される立場」になります。そうです、「見習い」の後の「前座」からが、本当の意味で落語家修業のスタートなのです。

この段階ではまだ、「こいつはすぐにはやめないだろう。楽屋泥棒もしないだろう」という最低レベルの「信頼」をされたに過ぎません。談志は「修業とは不合理・矛盾に耐えること」と定義していましたので、ここからありとあらゆるムチャぶりが繰り出されてきます。

無論、楽屋に入れば、「真打ち」やら「二つ目」やらの兄弟子との軋轢も待ち受けています。師匠から小言を食らってダウン寸前のところ、着物のたたみ方からお茶の入れ方、打ち上げ会場での立ち居振る舞いまで、先輩各位からの罵詈雑言に見舞われるのが「前座修業」なのです。

よその団体だとほぼ三年で「二つ目」に昇進し、「前座」の雑務から解放されます。しかしわが立川流では、「二つ目」への昇進に、「古典落語五〇席プラス歌舞音曲」という明確な基準が設けられていました。合格ラインに達しない限り、「前座修業」は永遠に続きます。私はここで「歌舞音曲」（とりわけ唄）につまずき、なんと九年半もの長い前座修業を体験するはめになりました。

さて「二つ目」に昇進すると、やっと「落語家としての営業活動」が許されます。とはいえ、まだ一人前と認められたわけではありません。立川流の場合、「古典落語一〇〇席プラスさらに精度の高い歌舞音曲」という基準を満たして初めて「真打ち」＝「落語家として一人前（弟子を取っていい立場）」になるのです。

ここでもう一度、落語家のランクを申し上げます。「見習い」→「前座」→「二つ目」→「真打ち」→「大看板」→「ご臨終」（笑）という流れですな。こんな格差社会が堂々と存在するわれわれの世界ですが、「真打ち」になって一〇年目の今しみじみ思うのは、「修業というのは確かに不合理だけど、決して不公平ではない」ということです。

師匠談志も、昭和の名人、文楽・志ん生両師匠も、みんな「見習い」からこのルートをたどり、自らの地位を築いたのです。これは歌舞伎界のような「王家に生まれた人間が王となる」システムとは、ある意味、真逆です。一見平等なはずの現代社会が「政治家の家に生まれない限り、政治家になりにくい」状況にあることを鑑みても、パワハラ全開のようなわれわれの世界の方が、「チャンスは全員に与えられ、実力さえあれば世に出られる」という点で、いっそ清々しく公平に思えます。

しかも立川流の場合、師匠のムチャぶりイメージが世間に流布しています。そのため私も、「談志さんのとこで真打ちになったんですもんね」と下駄を履かせてもらい、みずほ銀行様から一軒家購入の融資を受けさせて頂きました（大感謝）。

このシステム、一言でいえば、「見習い」からランクアップするごとに師匠の「信頼度」が着実に増す、その説得力が肝なのでしょう。会社組織にそのままあてはめるのは無理でも、ときには「心は落語界」、そんな徒弟制度に思いを馳せてみてはいかがでしょうか。いや、「落語界ごっこ」でも十分です。

「新入社員」はさしずめ「見習い前座」、「係長クラス」で「二つ目」、「部課長クラス」は「真打ち」。そう置き換えてみるだけで、「こんな生意気なことをいっているけど、こいつはまだ前座なんだよな」と部下をいたわる気持ちや、「早くあの部長みたいに、真打ちレベルの仕事がしたい！」という向上心が芽生えて来るかもしれませんぞ。

そういえば、私はワコール勤務時代、新製品のブラジャーの販売枚数を、『笑点』よろしく「座布団」に見立てたグラフを販売促進課につくらせたことがありました。座布団一〇枚で目標達成！　そんな遊び心からでしたが、肝心の私の成績は、まだまだ「前座」レベルでしたっけ……。

階級なあ…。
カール・ハインリヒ・マルクス
1818-1883

「結果」は神様の領域なのだ

さて、近頃は秋や春のようなファジーな季節も消えつつあり、天候が暑いか寒いかの両極端になっていますな。そのせいか、いやはや人の心も、「勝ち組」「負け組」の二極化へ収束している感があります。

もともと四季の移ろいに豊かさを感じ、そのたたずまいを愛でる日本人はアバウトさに寛容でした。一門の兄弟子・志の輔師匠はかつてこんな名言を吐きました。「『ＹＥＳ ＯＲ ＮＯ』と問われたら、迷わず『ＯＲ』を取るのが日本人だ」と(笑)。

ところが最近は、巷にも「全か無か」「ＹＥＳかＮＯか」の二者択一を迫る風潮が漂っています。これも環境変化の影響でしょうか。あらゆる領域で「すぐ結果を追い求める」ようになったのもその表れでしょう。私自身、サラリーマンの方向けの講演会などで、「一生懸命やっているのになかなか結果が出ない」といった悩みに触れる機会が増えました。

無論、結果は効率よく、早く出したいと願うのが人情です。かつての私もそうでした。「前座」から「二つ目」への昇進を目指し、師匠談志が指定した「歌舞音曲」という基準（私はここにタップダンスや浪曲も加えました）に必死で取り組みながら、なかなか認めてもらえない日々。それこそまさに、「結果だけを追い求める渦中」そのものでした。

弟弟子に先を越され、自暴自棄にもなりかけました。「師匠は俺が嫌いなんだ。だから何をやっても認めてくれないんだ」と。おそらく名人たる師匠に、そんな弟子の心はお見通しだったはずです。見透かすかのようにある日こう言いました。

「潜伏期間ってあるだろ。あれ、症状には出ないけど、裏では気づかないうちに病気が進行しちまってるってことなんだよな。すぐに結果が出ないからといって、お前がいまやっていることをやめちまえば、やらない歴史が潜伏期間として積み重なって、『何もやらなかった』という結果しか残らない。意地でも続けていれば、それが別の意味の潜伏期間となって、時間はかかるかもしれないが、『ここまで身に付いた』という結果がハッキリする。どっちに転んでも、それはお前の人生だ」

いまこうして書いていても戦慄を覚えますな。途中でやめればマイナスだけが残り、やり続ければプラスの結果につながる。ジャンルに関わらず、「目標に向かって邁進する人々」への、厳しくも優しい、ドライでありながら人情味溢れるメッセージではないでしょうか。「取り組み方しだいで人を両極端へと導くプロセス」の定義に、恐怖感すら掻き立てる「潜伏期間」という医学用語を使うなんて、やはり言葉の天才です。

「結果が出ない」とお嘆きの善男善女の皆さん。この言葉を噛みしめてはいかがでしょうか。もはや真意は確かめられませんが、師匠はこの言葉の裏で、「結果が出ないとか、悩んでいる時点でダメなんです。ほんとに必死で集中していればそんな発言が出るはずないんです」と、自暴自棄になりかける輩をシャットアウトしていたのかもしれません（解説しますと、師匠が語尾を敬語で話すときは怒っているときです）。

天才らしく「努力はバカに与えた希望」ときわどい発言をした師匠ですが、私のような不器用な人間でも、真打ち昇進の際には「虚仮《こけ》の一念だな」と目を細め、温かく見守ってくれました。それはあのドライな天才肌の人ですら、「虚仮の一念」と認めざるを得ない必死さが私にあったからだと思います。自慢するわけではありません。真打ち昇進トライアルの場でお世辞にも歴然とした評価をもらえなかったことを見ても、師匠をその気にさせたのは私の「必死さ」だけだったのではといっているのです（いや、少し自慢かな）。

そう。大切なのは「結果」を凌駕する「必死さ」。ロシアの童話「おおきなかぶ」がいまだに世界中の人々を感動させているのも、「必死なやつを見れば誰もが応援したくなる」という真理を訴えているからです。

もっと皮肉な見方をすると、「二宮金次郎」のあの銅像ですな。あれは「薪を背負いながら寸暇を惜しんで勉学に励んだ立派な人だから、大きな功績を遺した」という話ではなく、「あんな薪を背負って本を読みながら歩いているようなやつの必死さ（もっというと嫌味さ加減）に神様の方が折れた」というストーリーではないでしょうか。

その二宮金次郎の言葉、「積小為大《せきしょういだい》」（小さなことを積み上げて大きなことを為す）を吟味すると、人間のなすべきことは前半の「小さな事を積み上げる」だけで、後半の「大を為す」は神様の領域なのだよ（経験者談）という意味にも思えるのです。

神様を味方に付けるには、「必死さ」から。繰り返します。「なんで結果が出ないのか」。そんな言葉が出るのは、いま必死になっていない証拠。必ず誰かは見ていますよ。

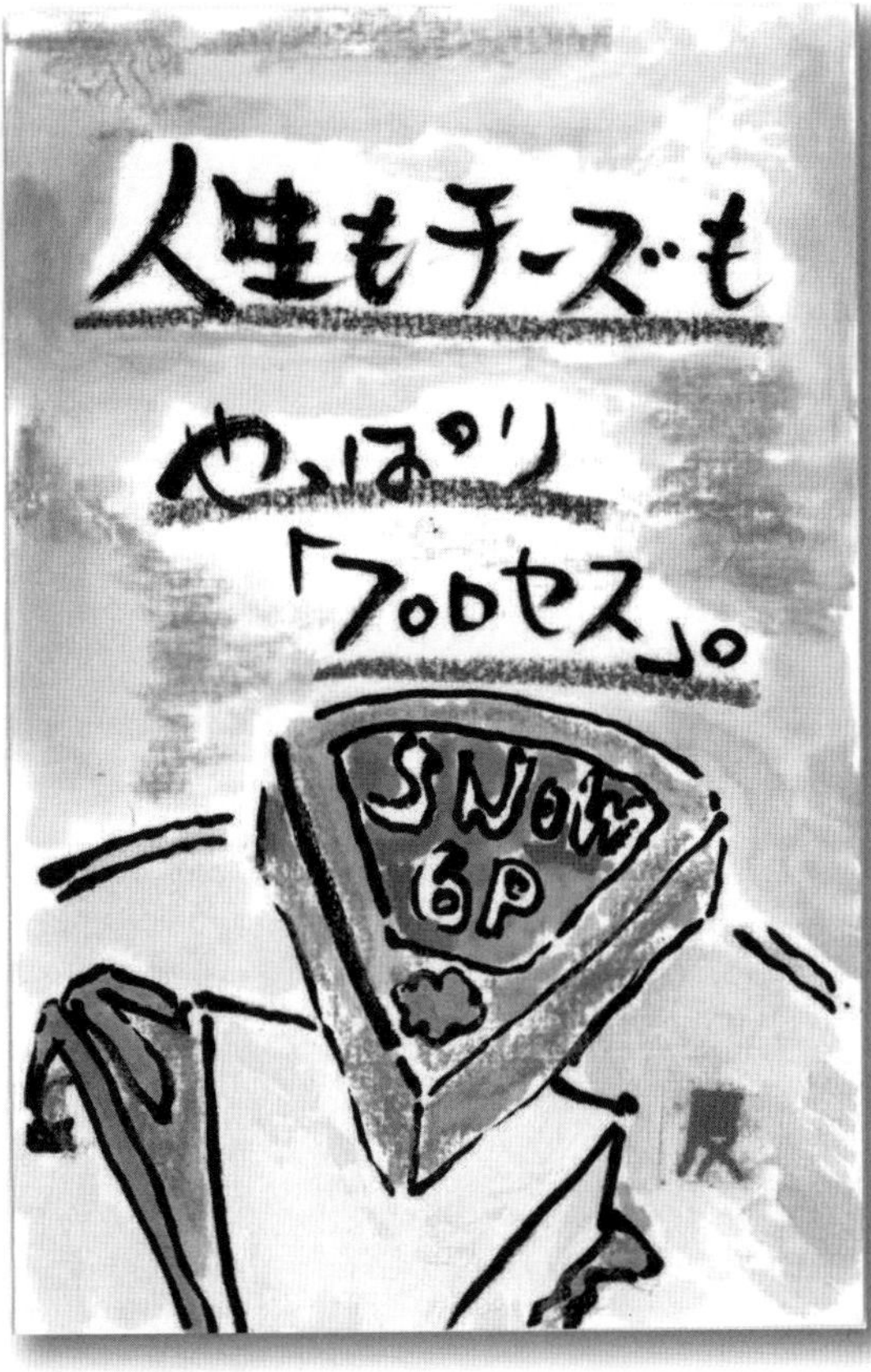
人生もチーズも
やっぱり
「プロセス」。

「必死になるコツ」、指南します

前回は、結果が出ないとお嘆きの皆さまのために、「結果を出すことは神様の領域。人間にできるのは必死に努力することだけ」というお話をさせていただきました。壁にぶつかっている方にはどこまでも親切なこのコラム（笑）、今回は、その先に当然浮かんでくるだろう素朴な疑問、そもそも人間、「どうすれば必死になれるのか」について考えてみたいと思います。

とはいえ、必死さがいつも結果に結びつくわけでないことは、皆さん、ご承知のとおりです。

落語に「あくび指南」という噺《はなし》があります。町内に「あくび」を教える指南所が出来たというので、ある男が友人を誘って出かけます。先生が風流に、船に揺られて出る「夏のあくび」のお手本をやって見せる。そうして一生懸命伝授しようとし、習うほうも懸命に習おうとするのですが、この男、とにかく飲み込みが悪くてことごとく間違えます。それを脇で見ていた友人がたまりかね、「何をくだらねえことやってんだよ。見ているこっちの身にもなってみやがれ。退屈で退屈でならねえ」とあくびを一つ。すかさずその先生が、「ああ、お連れの方がご器用だ」。

この噺がつくられたのは、江戸は文化文政期の頃でしょうか。師匠談志は「これぞまさに落語。バカバカしさの極致。あくびという本能まで指南する世界を醸成してしまうとは爛熟の極みだ」と看破しました。

何が好きといって、あくびを習おうとしている当人よりも、脇で見ていた友人の方が上手かったというオチであります。なんだかこの設定、アイドル志望の女の子に付き添って芸能プロダクションに来た友だちのほうがスカウトされてしまう展開にも似ていますな。さらに敷衍してみれば、「一生懸命やっている人より、肩の力が抜けている人のほうがすんなり結果を出しやすい」というメッセージとも受け取れます。

こうなると、一見バカバカしい噺が普遍的テーマとして現代によみがえってきます。「必死になるためのコツ」を指南しようとしている私は、現代版「あくび指南」の先生なのかもしれません。そんな私がこの噺から読み取るのは、必死になって「必死になるためのコツは？」と考え抜くより、もっとリラックスして世の中を見つめた方がいいよ、という教訓でしょうか。必死になるための「スキル」のようなものを自分に新たに付加していくより、長く生きているうちに身に付いてしまった「余計なもの」を体から排除していくほうが、より目的に近づけそうです。

先日、とある方と飲んでいて、「プレゼンが通らない」という話になりました。そこから「百発百中のプレゼンを可能にしているのは誰か？」と考え始め、「それは赤ちゃんだ！」と言って二人で大笑い。思えば、赤ちゃんは常に命懸けです。「ミルクを飲みたい！」「おむつを替えて！」「眠らせて！」これらの各種プレゼンが通らなければ生きてゆけないのですから、その必死さは、面倒を見る側の都合なんかお構いなしの最強レベル。だからこそ、周りはみんな言うことを聞くのです。

私はここで、赤ん坊のように「駄々っ子」になれと言っているのではありません。「誰でも必死な時期があったのだから、そんな昔を思い出し、今一度必死になるキッカケをつかんでは」とお勧めしているのです。

「必死にならなければ」と未来に向かって思い詰めるより、すべてを脱ぎ去って過去を振り返り、ひたすら純粋に必死だったあの頃を温かく思い出してみる。赤ちゃんとまではいわなくても、ギラギラしていた思春期の自分と対話してみる。そうして、過去の自分が今の自分に掛けてくれる言葉に、きちんと耳を澄ませてみましょう。

「君が未来の俺か？」

「うん」

「お前、今楽しいか？」

「そこそこ」

「楽しければそれでいい」

「でも、迷っているんだ。俺、これからどうすればいいのかな」

「何言ってるんだ。しっかりしてくれよ。俺の夢をかなえてくれるのはお前しかいないんだからな」

一人酒でもあおりながら、過去の自分とこんな会話を交わしてみてはどうでしょう。他人は裏切っても、自分は決して裏切りません。雰囲気づくりとして、たまには実家に里帰りし、仏壇に線香なぞ上げてみるのも一興です。ご両親が健在ならば、小学校の卒業文集でも開いて思い出話を聞き出すのもまたよし。そんなやり取りを通して親子間の交流が深まれば、「振り込め詐欺」も防げて一石二鳥です。

はてさて皆さん、これは決してノスタルジーではありません。退歩でもありません。「必死さ」を燃料に未来へ飛躍するために、時にはかがんでみましょうよ。あの頃のあなたはずっとあなたの味方ですよ！

「あ～お連れの方が
ご器用だ」(あくび指南)
古今亭志ん生

釣果は「引いて」待ちましょう

男女問わず、いくつになっても異性に「モテたい」という気持ちは変わりませんな。まさに悩ましき永遠のテーマ。ただ、ここで私事を申し上げれば、自分も齢五〇を超えたせいか、「モテる」の対象やら定義やらに、かなり変化が出てきました。

まず、モテたい対象の幅が確実に広がりました。下は二〇代から、上は同世代の「熟女」と呼ばれる方々まで。大幅なストライクゾーン拡大は若いころにはなかった現象です。

もっといえば、ターゲットが恋愛の対象となる女性に限らず、「老若男女」にまで広がってきました。あ、だからといって、「危険球」にまで手を出すようになったわけではありませんよ（笑）。「よちよち歩きの赤ちゃんから寝たきり老人にまでモテたい＝好かれたい＝笑わせたい」という思いが、肉体的・物理的行為を目的とする、狭義の「モテ欲」を凌駕してきたという感じです。

これは私が芸人という特殊な職業だからというわけでは、必ずしもないと思います。商売の基本は「もてる」ことにあり。ヒット商品は「モテる商品」、当たったイベントは「モテるイベント」。誰もがモテたいからこそ、朝早く出社して夜遅くまで残業をする。人間のモテ欲が原動力となり、この世を支えているというお話は、前にこのコラムでさせていただいたとおりです。

ま、とにもかくにも、こんな心境の変化のせいでしょうか、お陰様で落語会に来るお客様も増え、それにつれて若い女性の姿も多く目にするようになりました。自慢ではありませんが（いや、自慢ですね）、無論、昔より落語のスキルも上がってはいるのでしょうが（そうでなきゃ困ります）、それ以上に、自分自身に「若いころのギラギラ感＝必死さ」がなくなって、「落ち着き感」が出てきたせいではないかと思うのであります。

前回は「必死になるコツ」についてお話しさせていただきました。「必死さ」とは、いわば「アクセル」。アクセル全開で猛然とターゲットに迫っていけば、相手に逃げられてしまう可能性大です。誰だって、追い詰められたら嫌になりますものね。アクセルだけ踏んでも、大事な目的地にたどり着けないどころか、ヘタをすれば事故を起こすことにもなりかねません。

その点、そこに「落ち着き」という「ブレーキ」を加えれば、運転の幅が広がります。必死さが「押し」や「攻め」なら、落ち着きは「引き」や「待ち」。「押してダメなら引いてみな」の言葉どおり、攻め方を変えるだけでも相手は案外ぐらつくものです。追えば逃げる対象も、こちらが落ち着いて待っていれば向こうから近づいて来るかもしれません。

突然ですが、ここで漁業に思いをはせてみましょう。若いころまるでモテなかった私は、「土佐のかつおの一本釣り」の漁師でした。実際に一本釣りで生計を立てている方には失礼かもしれませんが、狙った相手を、戦略も立てず、ただ闇雲に追い回す日々だったのです。

それが今や、ジム通いのお陰で体力はあるとはいえ、さすがに走り続けるのが難しくなりました。そこで、「待ち」がメインの「地引網漁法」に切り替えたところ、当時は手が届かなかったようなかつおも、手のなかに収まるようになってきたのです。そのコツは、網を仕掛けたら、ひたすら待つこと。そして、その網に掛かった相手のみにフォーカスすること（ちなみに、この漁法最大の釣果が今のカミさんです）。

地引網漁法のさらなるメリットは、対象が「追い回すもの」から、「向こうからやって来るもの」に変化することです。つまり、「ご縁」を感じることができるようになるのです。決して前回取り上げた「必死さ」の価値に水を差すわけではありません。「必死さ」も「落ち着き」も、つまりは攻めも守りも押しも引きも、アクセルとブレーキよろしく、両方大事だということです。網は必死さを全開にして仕掛け、待つのはあくまで落ち着いて。いっそ、「あんなに必死に向かってきたのに、どうしちゃったのかしら?」と向こうが不思議に思うくらいに落ち着き払ってみましょう。

はてさて、これまで述べてきたことは全て仕事に通じます。「モテたい心」こそ、「異性＝仕事」をものにする原動力。実際、異性にモテる人は、仕事ができますもんね。「若いころ、オレはモテなかった」とお嘆きの貴兄。あの苦しい日々は、将来、モテ期を迎えるための、大切な「データ蓄積期間」だったのです。試行錯誤と失敗の歴史は、絶対、仕事にもフィードバックされます。本物の収穫期を控え、これからは「女たらし」より、「人たらし」になりませんか。私と一緒に、「女癖」ならぬ、「人間癖」を身に付けちゃいましょうよ。

俺は一本釣り
だったけどね。
とりあえず‥
ビール！
エビスさま

「自己チェック」をクセにしよう

先日こんなことがありました。

仕事場に通う電車のなかでのことです。私は空いているときはたいがい座席のいちばん端に座るのですが、その日は疲れもあって、うとうと眠ってしまいました。

と、なんだかまぶたの上あたりがパチパチと痛いのです。目を覚ますと、座席の端にある仕切りに一人の女性がもたれており、その人のファー付きフードが私の顔に当たっています。「領空侵犯」して顔にかぶさり、安眠を妨害してきたこの物体、さて、どう処理すべきか、しばらく迷いました。でも、やはり不快感に堪えられず、あくまで丁寧な口調でこうご注進したのです。

「恐れ入ります。あなたのフードの毛が私の顔にかかっているんですが」

当該女性は謝ることもなく、きょとんとしただけでした。家に帰ってカミさんにこの顚末を話すと、「あなたが怪しい人に思われたのよ」とのこと。実際、ウェイトトレーニングに励んで以来やたらとゴツい体躯をした私が、怪しまれるのは理解できます。でも、その半面、巷間よく聞く「メタ認知」ってこういうことかと思ったのです。

メタ認知とは、「自分の言動が周囲にどういう印象を与えるかを常に把握する認識力」のことですな。もっとわかりやすく変換すれば、「四六時中、張り巡らされた客観力」ともいえます。

ふり返ってみれば、師匠談志が弟子に対して、「俺を快適にしてみろ」という修業のハードルを課したのも、メタ認知の大切さを意識してのことでしょう。今回はたまたま私自身が「低レベルの被害者」の立場に置かれましたが、前座修業をしていたころの自分は、この「ファー付きフードの女性」と全く同じでした。そうです、あの師匠に対して加害者だったのです。そりゃ、「前座九年半」も務めざるを得ないわけですわな（師匠、今ごろ気が付きました。ごめんなさい）。

例えば、思い出したくないしくじりですが（イヤ、しくじりはどれも思い出したくないものですが）、師匠が楽屋から高座に向かう時でした。入門したばかりの私は、楽屋の入り口に掛かったのれんが師匠の頭に当たらないよう、手で持ち上げて待っていたのです。むろん、師匠にスムーズに楽屋から高座に向かっていただきたいという一心からでしたが、師匠はこう言いました。

「お前のその行為は、俺を急かしてるようにも取れるんだ。何で俺がお前のペースに合わせなくちゃいけないんだ！」

なるほど、メタ認知力ゼロの私には、自分の行動が師匠にどういう印象を与えるかという意識が欠落していました。そのせいで、自分ではそんなつもりはなかったにもかかわらず、「独りよがり」の行動と認識されてしまったのです。

考えてみれば、落語は登場人物の会話だけで出来ています。横丁のご隠居さんの一言に八っつぁんがムカついたり、与太郎のセリフを大家さんが真に受けて混乱したり。メタ認知レベルのさまざまな誤解や齟齬を通じて、ドラマが出来上がってゆきます。「互いの言動に敏感な世界を描くことを商売として選んだ以上、メタ認知力を磨き続けろ」。前座時代に師匠からもらった小言には、そんな深い意味が込められていたと思います。

メタ認知力を磨くには、相手の半歩先を読む訓練が大切です。師匠は「バカかどうかは知識の少なさではなく、状況判断が出来るか否かで決まる」と常々言っていましたが、まさに相手の状況をいかに的確につかむかが肝なのです。気遣いの最上級版は「相手に気づかせない気遣い」。これこそ、メタ認知修業の最終到達点です。

「ファー付きフードの女性」に不快な思いをさせられながら、私がさほど怒りを感じなかったのは、そこに昔の自分を見たからだと思います。ドジでボンクラだった自分のメタ認知力が以前に比べて上昇したのは、あの九年半に渡る前座修業のおかげです。これはもちろん私がエライからではなく、メタ認知力とは、きっと誰もが後天的に身に付けることのできる力なのです。

もっというと、メタ認知力は努力して身に付ける学問のようなものではなく、「こんなことを言ったり、やったりすると、周囲はどう自分を見るかなあ」という日ごろの「自己チェックそのもの」なのでしょう。つまり、頭のなかに入れるより、「クセ」にすべきものですな。その裏側には、これまた前座のころ、耳にタコができるほど師匠から言われた重い言葉が横たわっています。

「いいか、人間はなあ、たった一つの言動だけで、中身を判断されてしまう可能性があるんだぞ」

まだまだ私も発展途上、ご同輩の皆さん、一緒にさらなるメタ認知力の向上に努めましょう！

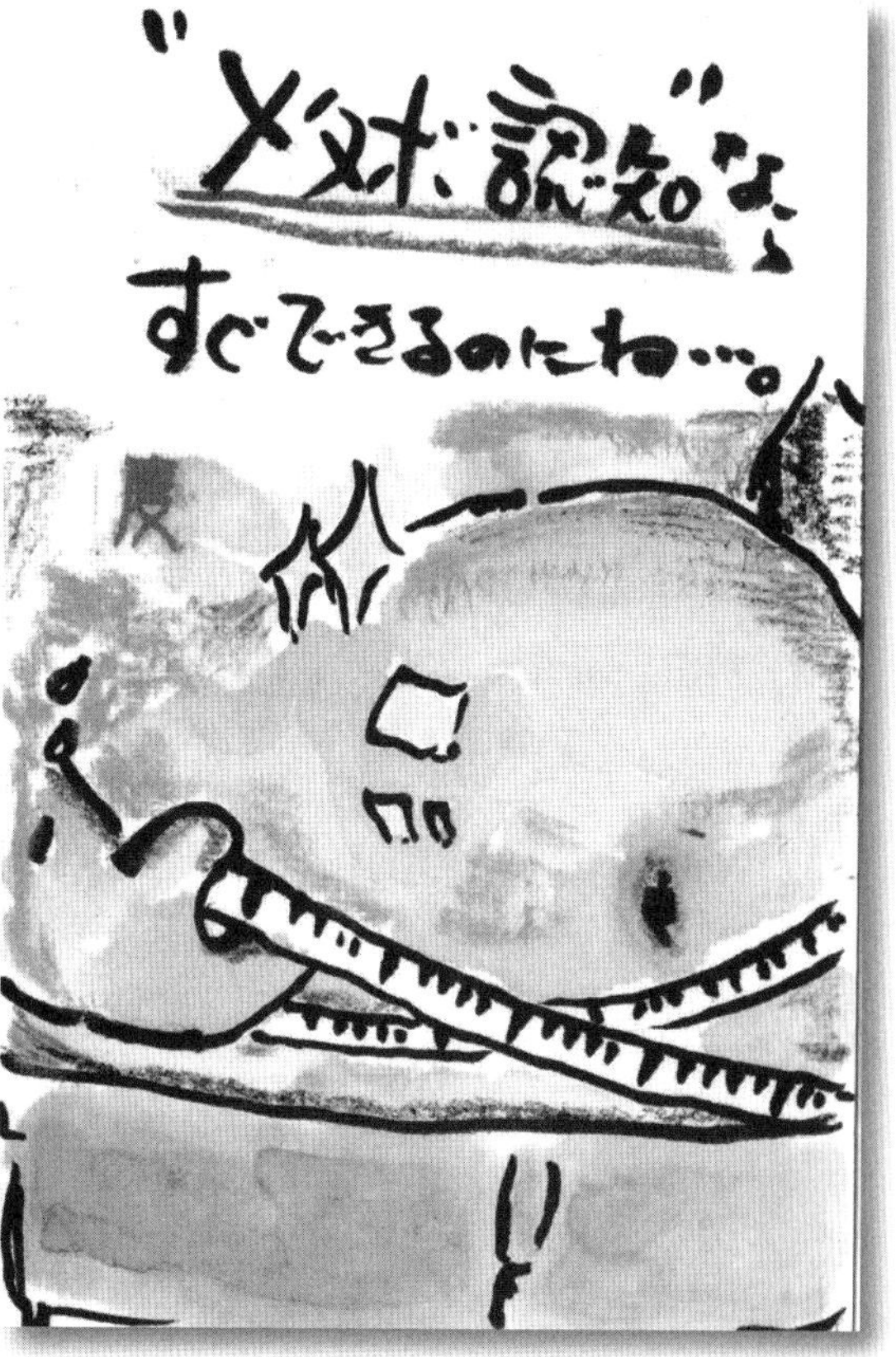
"メタボ認知"なら
すぐできるのにね…。

いつも心に「マネージャー」を！

前回は「メタ認知力を高めよう」というお話をさせていただきました。どんな職業の人も、メタ認知力を高めると仕事に役立つはずです。「斜め上から自分を客観的に見ることのできる人」は、まず他人を不快にさせませんもの。結果、それはいいつながりを生みます。

そんな話を踏まえて、今回は私の「体験的セルフプロデュース」についてお話ししたいと思います。

私ども落語家は、落語という、いわば「あってもなくてもいいもの」を売って生計を立てています。また、新作は別として、古典落語のストーリーは基本的に誰がやってもほぼ同じです。差が出るのは、登場人物の言動の裏にある思いや、そこから生じるズレをどう表現するかの部分。つまり、メタ認知レベルの、非常にミクロな世界で勝負しているといっても過言ではありません。

さらに落語家は大半が事務所に所属せず、マネージャーなしで働いています。かくいう私もその一人です。

そんな私が、おかげさまでさいたま市内に一軒家を購入し、そこそこの暮らしぶりをさせていただいているのは、多少なりともセルフプロデュースがうまく機能しているせいかもしれません。

かつてサッカーの本田圭佑選手は、憧れのACミランへ入団を決めたことについてこう言いました。「心の中のリトル本田に聞きました。そうしたら『ミランでプレーしたい』と答えた。それが理由です」

「心の中のリトル本田」は、最前お話しした「斜め上から自分を客観的に見ることのできる存在」と近いのではないでしょうか。私の場合、そういう存在は「小学二年生の自分」です。子どもの私が、大人の私の言動を常にチェックしているのです。

いや、それだけではありません。それよりはるかに面倒な存在がおります。その名は「リトル談志」。

私が過ごした九年半もの前座期間は、師匠談志にあらゆる行動をチェックされる毎日でした。天才落語家から受ける実地のマンツーマントレーニングは、「洗礼」の域を超え、「洗脳」に近かったかもしれません。

必然的に私は、「こんな場面で師匠はどうするだろう」「この状況に対して師匠はなんていうだろう」と常に師匠の基準で行動するようになりました。そんな積み重ねがしだいに心の中に別人格をつくり上げ、入門から二五年を数える今、私の専属マネージャーになっているのです。

「師匠は亡くなったが、心の中に存在している」と書くと、落語家らしからぬセンチメンタリズムに聞こえるかもしれません。が、実態は非常に厄介です。たまの休みで寝ていると、心の中のリトル談志が「おい、いつまで寝てるんだ。志の輔は今働いているぞ！」とささやきます。独演会で掛けたネタの反応がよく、「やったぜ！」と思っていると、すぐに出てきて、「俺の方が絶対うまいからな。あそこはこうすべきだった」などと、まず褒めてはくれません。

私はこの六年で一二冊の本を出しました。が、リトル談志は、「俺はもっと出している。早く一三冊目、書け！」とさらにハッパをかけます。地方の落語会から疲れて帰宅し、ビールを開けた途端、「こら、礼状を書かないか。お前みたいなやつでも呼んでくれた素晴らしいお客さんだぞ。お礼と割礼は早く済ませるに限る」とギャグまで言ってきやがります。

この声は私自身の中に存在するので、消すわけにいきません。で、ふと気づきます。「こりゃ、マネージャーはいらないわ」と。

逆にこんな状況で外部にも敏腕マネージャーがいたりすれば、私はおかしくなってしまうかも、です。実際、今、外部マネージャー的存在として君臨するうちのカミさんは、時にリトル談志より怖いですもん（涙）。「俺はお前のカミさんと違ってカネは巻き上げないからな、あははは」。あらら、心の中のマネージャーはこんなことまで言っています。

こうした内憂外患の中、思うことがあります。現在の「リトル談志状態」は、前座時代の副産物どころか、師匠から私への贈り物だったのではないかと。「こんなドジでバカな奴は、俺との付き合いが俺の死後も続くようにしてやらなきゃ」という親心から、師匠が私の脳内プログラミングに手を伸ばし、勝手につくり替えてしまったのではないか、と。

出来の悪い弟子の妄想かもしれません。でも、あの悪夢のような前座時代に言われた言葉をあらためて噛みしめることで一三冊目の本が生まれようとしている今、それはあながち妄想ともいえない気がするのです。弟子の個性に応じて育ててくれていたんだなあと……。

最後は人情噺っぽくなりましたが、「尊敬する人、影響を与えてくれた人を心のマネージャーに仕立て上げる」、これが私なりのセルフプロデュースです。ご参考まで。ただし、猛烈に面倒くさいです（笑）。

俺がついてるぞ。

「分け合えば余る」が未来主義

この連載をさせてもらっている本誌『Fole』の三月号に載った、ジャーナリストの池上彰さんとエコノミストの水野和夫さんの対談「資本主義の先の話をしよう」は、非常に面白い内容でした。誰とはいいませんが、経済評論家と名乗りながらテレビタレント化しつつある人もいるなか、骨太でわかりやすい中身に膝を打つばかりでした。

落語は江戸時代につくられたストーリーゆえ、経済にはほど遠いイメージがありますが、ところがどっこい、経済の本質をずばりと突いた登場人物もいます。落語の愛すべきキャラクター、与太郎。彼は「かぼちゃ屋」という噺のなかで、「売る奴が利口で買う奴がバカ」といってのけ、師匠談志は「これは経済の根本理念だ」と喝破しました。

日頃、大切なお客様に向けて正しい商いを心がけていらっしゃる読者諸氏のなかには、「バカ」という言葉に眉をひそめる方もおられるかもしれません。ここでいう「バカ」とは、「おっちょこちょい」程度のニュアンスと思っていただければありがたいです。それならトゲトゲしさも消え、スムーズにご理解いただけるのではないでしょうか。

「かぼちゃ屋」は、普段からぼんやりしてる与太郎が、口うるさい親戚のおじさんに、かぼちゃを売ることを仕込まれるたわいない噺です。「大きいのが一三銭、小さいのが一二銭。いいか、売る時は『上を見る』んだぞ」と言われ、売りに出た与太郎。おじさんは「上を見る」(掛け値をする)という業界の符丁を商人のせがれである与太郎が当然知っているものと信じていましたが、与太郎はこの言葉を額面通り、「空を見上げる」と受け止めてしまいます(ここが笑いの肝です)。

裏長屋で親切な人に出会った与太郎は、ずっと空を見たまんま、元値の一三銭、一二銭でかぼちゃを売ってしまいます。ざるを空にして帰ってきた与太郎を見て、おじさんは一瞬褒めますが、元値で売ったことが発覚して激怒。「上を見るとは、掛け値しろということなんだ。一三銭を一五銭、一二銭を一四銭で売るから、商人はご飯が食べていけるんだ。掛け値しねえで女房子供が養えるか」と叱られ、与太郎は再びかぼちゃを担いで売りに出されます。

その道中、与太郎が吐いた「歴史的名言」がこの「売る奴が利口で買う奴がバカ」です。確かにわれわれ消費者は、欲しい商品を前にすると、その外見や機能といった魅力に目を奪われ、販売者側に「元値プラス掛け値」という理屈が存在することを忘れがちです。そこがまあ、「おっちょこちょい」なわけですな。もっとも、それを意識させないよう高度に発達したシステムこそが、現在の資本主義でもあるわけですが。

ここで、水野さんの資本主義の定義を引用させていただきます。資本主義とは、「中心と周辺から構成され、周辺を広げることで中心が利潤率を高め、資本の自己増殖を推進するシステム」。「周辺」とは「フロンティア」という意味だそうです。

なるほど、その極端な例が「植民地政策」でしょう。与太郎の定義をここにかぶせてみると、資本主義とは、「すぐ飛びついて買ってくれそうなおっちょこちょいを、次から次へと探し続けるシステム」。そうした「儲けのカラクリ」を悟ってしまった与太郎は、もはや「哲学者」ではないでしょうか。

池上×水野対談では、永遠にそそっかしい人たちを追い求める資本主義の「限界」が説かれていました。さらに水野さんは、「中小企業」と「地方」に未来の可能性があると示唆していました。翻って、与太郎の発言は、供給者側の発想、「サプライサイドの極論」です。もし与太郎がこの後発言のチャンスを与えられたなら、「だから、買う側の人たちはもっと賢くならなきゃダメだよ」と予言したと確信します。

実際、現在の「モノが売れない」状況は、「消費者にとって欲しいものがない」だけでなく、「消費者がどんどん賢くなっている」ことも表していると思われます。いや、落語を擁護する私から見れば、そもそも「元値で売ってしまった与太郎」は、実はマルクスにつながる「私有財産の否定」を体現してたんじゃないか……と、ま、これは完全に買いかぶりでありますが。

いずれにしろ、こんな前座噺にすら人間の普遍性が表れ、未来予想の可能性さえ感じさせるのが落語のすごさじゃないでしょうか。

さて、この資本主義。ここまで私たちに幸せをもたらしてくれたことは間違いありません。ゆえに、即座にすべてを否定することなどできませんが、「完全ではないシステム」であることを再認識し、人間が上手に差配してゆくしかなさそうですね。「奪い合えば足りないけど、分け合えば余る」はず。優しく呑気に構えましょうよ、与太郎が出て来る落語でも聞きながら。

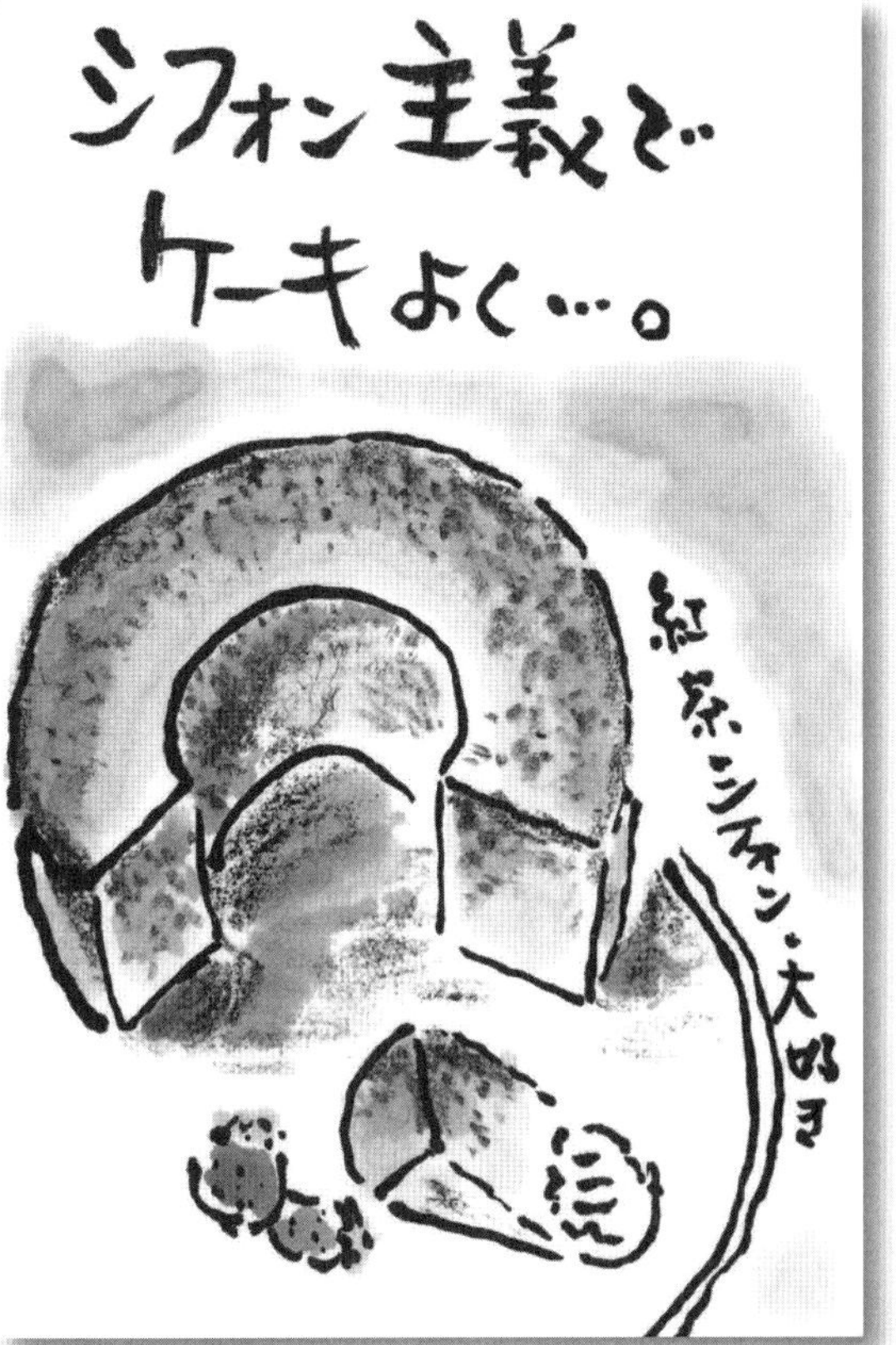
シフォン主義で
ケーキよく…。
紅茶シフォン・大好ヨ

弐　熊さんの巻

真田昌幸の「命がけのゴマすり」

ＮＨＫ大河ドラマ『真田丸』、ずっと見続けていました。私、故郷がまさに上田市！しかも信州上田観光大使を仰せつかってもいたからです。

感動したのは、真田昌幸が上田城で徳川軍を撃退する「第一次上田合戦」でした。舞台であるわが故郷・長瀬河原が出てきたときはときめきました。実は、郷土のスーパースター、真田昌幸・幸村親子の大河ドラマ化は、上田にとって積年の夢だったのです。数年前、上田市長を隊長に、観光部長、商工会議所の幹部ら市のお歴々で「真田一族大河ドラマ化陳情団」が結成され、私もメンバーの一員として、ＮＨＫ本部まで掛け合いに行ったことがありました。

おそろいの陣羽織に身を包み、当時のＮＨＫ放送総局長Ｈさんを前に、市長から順にプレゼンが始まりました。が、一様に主張する内容は、「ドラマ化による上田の観光活性化」の一点張り。私の番です。

「私は今までの皆さんのご意見とは異なります！」

一気にさざ波が立ちました。

「上田の観光活性化なんて、正直いってどうでもいいんです」

さざ波が荒波になりかけました。

「あ、どうでもいいはいい過ぎでした。NHKさんは公共放送というお立場です。活性化させなければならないのは、上田のみではありません。北海道も、沖縄も全てです。ですから、大事なのはそこではありません」

私はさらに続けました。

「真田の物語で一番大切なのは、真田一族が天下の徳川軍に、少数で、しかも二度に渡って打ち勝ったことです。この事実は、全国の中小企業経営者に限りない希望を与えるはずです。町の看板屋さんが電通相手に一泡吹かせるようなものです！　浦和学院がヤンキース相手に勝つようなものです！　真田一族の大河ドラマ化は、いま逆境にいる人を元気にする可能性があるんです！」

Hさんの顔に笑みが浮かびましたが、私は「……いい過ぎたかな」と思ってしまいました。ひとしきり陳情団の主張を聞き終えて、Hさんがおもむろに切り出します。「私は談慶さんと同じ意見です」。「やったあ！」。私は心の中で快哉を叫びました。

その後、上田の皆さんが中心となり、莫大な署名を集めるなどの地道な努力を重ねて、今回の快挙につながりました。とはいえ、ドラマ『真田丸』が産声を上げた一因が、私の発言だったことは明らかです。NHKの皆さん、今後大河ドラマで、「殺される農民」の役で構いません、どうかこんな私を一つよしなにお願い申し上げます。

ま、ここでいっても仕方ありませんが、「無勢が多勢に勝つ」というのは判官びいきの日本人の心を震わせる永遠のテーマです。当時の真田は地方の一豪族に過ぎません。北には上杉、西には豊臣・織田、東には北条、南に武田・徳川という、強烈メジャー軍団に囲まれた弱小部隊です。一つでも采配を間違えれば、一族滅亡につながりかねません。

父・昌幸はここで奇策に出ます。なんと長男の信幸を徳川方に、次男の幸村を豊臣方に、人質として差し出すのです。これをやられると、徳川も豊臣もおいそれと真田に手が出せません。「どっちに転んでもお家は継続される」という打算から出た「双方へのゴマすり」には違いありませんが、「命がけ」ではあります。

私はここに、中小企業人としての昌幸の気概と覚悟を見るのです。こんな「究極の保険」こそ、カネも土地もない人間の勝負の仕方に思えてならないのです。一見「ゴマすり」に見える行為も、こちらの腹のくくり方を相手に示せれば、どんな強者も一目置く優れた戦略になり得ます。昌幸の経験が残した教えは、現代の中小企業経営者にとっても福音といえるのではないでしょうか。

「賭けるべきはカネや土地ではなく、命。相手が巨大組織であろうとひるむことはない！」なんて、実際にいま小さな組織で踏ん張っている人や、冷遇されている人、私を含めて「人生これから！」と逆襲を狙う人たちに、とてつもない勇気を与えてくれる気がします。で、ふと思いました。これって下町の工場が大企業をやり込める一連のドラマ、『下町ロケット』と全く同じ展開ですよねえ。

さて、父・昌幸の優秀な遺伝子は息子にも受け継がれます。幸村ばかりフォーカスされがちですが、兄の信幸も非常に優秀で、徳川の与力大名になった後は家康に重宝がられます。

そして、関ケ原の戦いの後、家康に弓を引いた父と弟のお目こぼしを「命がけ」で懇願、二人は処刑を免れます。許した家康の度量もすごいですよね。この恩義があったからこそ、大坂夏の陣で家康を追い詰めた幸村は、あえて自ら討たれる道を選んだのではと、地元びいきの私は見ています（妄想ですが）。

とまれ、『真田丸』、中小企業経営者にとっても深いメッセージが満載です。貴重な「お手本」として味わうも一興と確信しています。

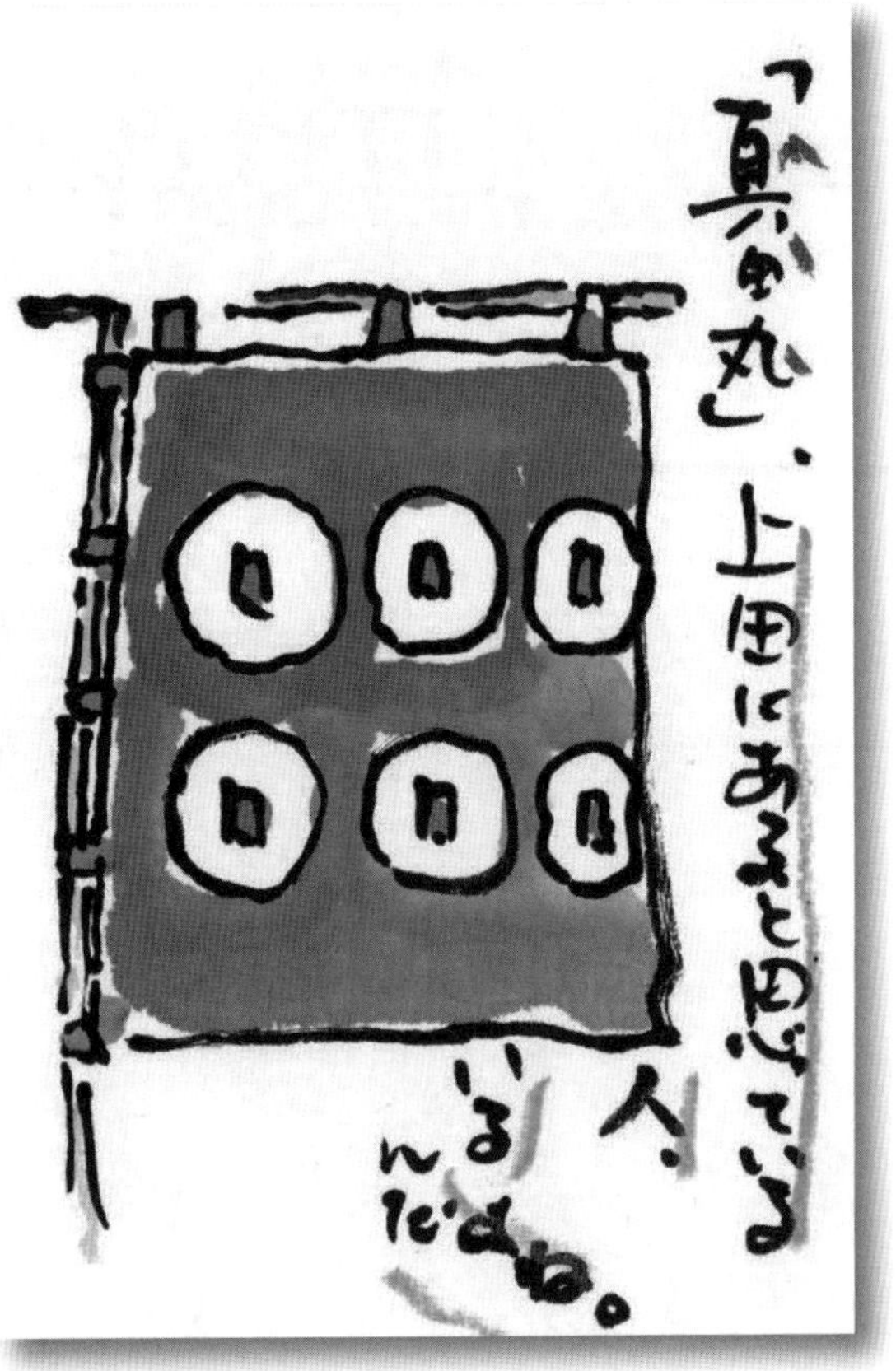
「真田丸」、上田にあると思っている人、いるんだよね。

「丁寧なお言葉」が身を守る

漢字が好きです。といっても、漢字検定を受けるとか、難読漢字を覚えるとかではなく、のんきに分解して絵としての漢字を見つめるのが好きです。

人が動いて「働く」と読ませます。なるほど、働くということは「人が動くこと」です。「信者」をギュッと詰めれば「儲ける」になるところなんざ、膝を打ちたくもなりますな。儲けることは「信者を強固に結びつけること」から始まるなんて、ビジネス書の書き出しにもなりそうです。

まだまだあります。「癌」という字。これなんか、「山のように『口』から物を入れた結果」、つまり、「食べすぎが引き起こす病」とも見えますから、医学的にも正しいのではないかと思えてきます。実際、「食べ過ぎは万病の元」と指摘する医者もいますものね。初心に返るようでいて、新たな発見と巡り合えるなんて、やはり漢字って奥が深いですな。

さて、この「口」という字、三つ重なると「品」になります。思い込みといってしまえばそれまでですが、ここには古来の人々の深謀遠慮が託されているのではと思うのです。

やや強引ですが、口って「箱」、もしくは「四角いブロック」に見えませんか？　最小単位のブロックを下に二段、上に一段積み上げたのが「品」です。まさに盤石な礎石ともいえます（おっと、石という字にも「口」という字が入ってますな。やはり！）。

つまり、「品はブロック」なのです。

「品がいい」「品がある」「上品だ」などというと、なんとなくか弱い印象です。師匠談志は、「品のある奴とは、欲望に対して動作のスローモーな奴のことをいうんだ」と定義していました。「ゆっくりごはんを食べる人」は「食欲という欲望」に対してスローモーに動く人ですから、はた目には確かに上品です。逆にお金を儲けようと日々ガツガツしている人は、いかにも品がなく映ります。政治家でもそうですな。親代々の政治家はおっとりして頼りなげに見えても、「品があるなあ」などと称されて、周りも納得したりします。

しかし、「品」の一字にフォーカスすれば、あくまでも「ブロック三つ」の強固な構え。実は、「品」って強靭なものではないでしょうか。

先日、某企業のクレーム処理担当の方とお話しする機会がありました。「傍若無人な電話の対応はどうしているのですか」と率直に尋ねたところ、「とにかく根気よく丁寧に、品良く柔らかく応対しているだけです」とのこと。なるほど、丁寧で品格のある言葉遣いを貫いていると、罵詈雑言を繰り出すクレーマーも、のれんに腕押しのごとく気勢をそがれそうです。これは第三者が聞いていたら、明々白々ですな（まして、いまや企業への電話はほとんど録音されていますもんね）。無論、対応する側はすごく根気がいりますが。

逆に、「売り言葉に買い言葉」、「目には目を」のような態度で向き合うと、悲惨な結末しかありません。電車内の暴力事件の大半が、足を踏まれたとか踏んだとか、些細なきっかけで起きると聞きました。そんなときは、他の乗客を味方につけるためにも、とことん冷静かつ上品に対応すべきです。踏んでしまったら、「ごめんあそばせ」、踏まれてしまったら、「あなたのおみ足が、私の足をお踏みになりましたよ」（笑）。

ま、これは冗談ですが、あくまで怒りを抑えて、「今、踏まれましたよね」などと丁寧語を用いつつ、やんわりと不快感を伝えるべきではないでしょうか。たとえ向こうが悪くても、爆発によって自分のイライラを解消したりすれば、思わぬ恨みを買いかねません。一時的にはスッキリしても、後々の事を考えるとちょっと怖くなりますな。

この対処法は、人生全体の危機管理にもつながると確信します。やはり、「品はブロック」なのです。

では、その品はどこから生まれるのか。「口」だけに、それは言葉遣いからでしょう。言葉遣いこそがブロック、つまりは自分を守るバリアなのです。いいえ、もっといえば、武器、ないし護身術にもなると考えます。どんなときにも腰が低く、敬語を適度に用いる人は、人から攻撃されませんし、万が一、変な人に不合理な扱いを受けても、きっと周囲が守ってくれるはずです。

ここで、師匠談志の「品のある奴とは、欲望に対して動作のスローモーの奴のことをいう」という定義をあてはめてみますと、そんなおっとりした人はまず人に不快感を与えません。もちろん、不必要な敵をつくる可能性も低いはず。やはり、品は見事なガードになっています。

組長から俳優に転身した安藤昇さんが、かつて言っていました。「ヤクザの世界では、徹底的に挨拶から教育される」と。言葉遣い一つが、文字どおり命取りになりかねないのがあちらの世界。やはり「品はブロック、言葉遣いは格闘技にも勝る護身術」と再認識するしだいです。

「品」はボディガード！

「こじつけ力」で会話のラリー！

コミュニケーション能力って一体なんでしょう？　漠然としてよくわからない割には頻繁に使われる言葉ですな。企業の採用担当者が大学生に求める基準のトップも、「コミュニケーション能力」だといいます。

ズバリ極論ですが、私はコミュニケーション能力とは「こじつけ力」だと考えています。「こじつけ力」。無論、これは私の造語です。もっとわかりやすい言葉に置き換えると「共通言語発掘能力」ともいえます（あ、余計わからなくなりましたか）。

コミュニケーションは、他者との会話から始まります。会話はひとまず継続させなければなりません。ここで間違えやすいのが、「継続」が目的になってしまうこと。これはいけませんな。本当の目的は「お互い分かち合える状態になること」で、分かち合えれば、極端な話、会話は続かなくてもいいのです。

理想は「あ・うんの呼吸」、長年連れ添った夫婦みたいな感じでしょうか。誰とでもそういう間柄になれれば最高です。

とはいえ、ここは急がず、まずは会話を継続させながら、共通の話題を見つけることから始めましょう。野球でいえば、「打席数を増やす」ことで、結果として打率を上げていくようなスタンスであります。

会話は、いわば情報交換です。話し手はしゃべっているとき、一方的に情報を発信しています。特に初めて会話を交わすような場合、人は、出身地、年齢（女性の場合は微妙なので「世代」という言葉にしておきましょうか）、趣味、出身校、住所などなど、自分のことをわかってもらおうとさまざまな要素をばらまきます。聞き手はそれらを聴き漏らさないように把握し、自分との「共通点」を探り出すわけです。

ここで最大の効力を発揮するのが、「こじつけ力」です。

こじつけ力とは、やや「強引に」話題と話題を結び付ける姿勢ともいえます。例えば、相手が「山形県出身」だと判明したとしましょう。自分があまり山形という土地を知らなくても、頭の中で好きな芸能人やスポーツ選手の出身地と照らし合わせ、「大好きなツービートの、ビートきよしさんのご出身地ですよね！」などと応じることで、会話を継続させることができます。

あるいは、クイズ番組などのあるあるネタを引用して、「私は温泉好きなんですが、山形って全国一の温泉地なんですよね」と振ってみるのも一案。要するに、自分の保持するデータにヒットすることなら手当たりしだい、とにかく「強引に」繰り出してみるのです。実はこの強引さに、その人の個性も表れます。

さて、こんなふうに投げられた情報を打ち返していると、案外、向こうも乗ってきます。打ち返した球をまた打ち返すという、「ラリー」が始まります。これって、「会話の鉱脈」を探る作業といってもいいですな。相手と自分は深くて太い鉱脈で結ばれている！　と思い込めば、自然にその会話にときめくようになります（鉱脈は金脈であり、仕事につながる可能性を示唆します）。

そんな「会話にときめいている人」となら、誰もが一緒にいたいと思うはず。結果、相手に好印象、好感度を与えることは間違いありません。さらに、そうした「こじつけ力」を発揮し続けていると、共通の知人がいることが発覚したりします。すると、その出会いを「ご縁」とすら思うようになるのですから、人間なんて単純なものですな。

正直、私はこの強引な「こじつけ力」だけで、自分ができることを数々の仕事に結びつけてきました。これは「戦略」です。所詮、ただの会話。ですが、戦略という意識をもてば、会話の裏付けとなる話題は常に豊富にしておかねばなりません。そのための情報収集にも力を入れ、新聞、雑誌、テレビなども常にチェックするようになります。

そうなんです、ここでまた一つ、重要な格言が待っています。それは「準備こそが仕事だ」。大相撲の元大関・霧島の陸奥親方と仲良くさせていただいていますが、以前親方のタニマチの方からしみじみ言われました。「相撲取りも落語家も、稽古が仕事だ。本番は集金場所だ」。これを一般の方向けに言い換えたのが、「準備こそ仕事だ」です。

会社に行って働くことではなく、準備のほうを仕事にしちゃう。すると、逆にゆとりを持って仕事に挑むことができます。落語家も、「稽古こそ仕事」と思えば、日々の空き時間がかけがえのないものに感じられて来ます。結果、いい意味で仕事にも遊び心が生まれてくるのです。

どうです、今回のお話。コミュニケーション能力の高め方から、相撲に通じる格言まで、中身の振れ幅がものすごいでしょ。やはり、「こじつけ力」ですなあ（笑）。

となりの大トロ
泥棒だよ…。
こじつけギャグ

「筋肉」は人をヒーローに変える

精神を鍛えるには身体を鍛えるしかない――。

これ、一代で幻冬舎という出版社をつくった見城徹さんのお言葉です。見城さんはかなりハードに体を鍛えているとか。実は私もウェイトトレーニングに凝って十年以上になります。そこで今回は「体を鍛える効用」について書いてみたいと思います。

私がウェイトトレーニングを始めたきっかけは、突然の頸椎椎間板ヘルニアでした。この病気、とにかく痛いのです。なにしろ人間の体のなかでも神経が集中する首に痛みが走るのですから、「虫歯の激痛がそのまま首に来る感じ」です。

しばらくは医者に処方された痛み止めでやり過ごしていましたが、たまたま出会ったカイロプラクティックの名医に一発でピタリと治してもらうことができました。ところが、帰りがけ、「今のはあくまでも応急処置です。根本から治そうと思ったら、筋肉を鍛えるしかありません」と言われたのです。

あの痛みがまたくるのは勘弁。私はジム通いを決意しました。ネットを始めいろいろとリサーチを重ね、ターゲットのジムを二つに絞り込みました。キャッチフレーズは、片や「ぜい肉を減らします」、片や「筋肉を増やします」。

根っからの儲け主義である私は、迷わず「増やす」ほうを選びました。そして、さっそくそのジムへ。しかし、「レオタード姿の美人インストラクターが、キラキラした汗を流しながら、ヨガなんかを優しくサポートしてくれる」という淡い期待は一気に吹き飛びました。

そこは男の汗の匂いがむせ返る、ボディビル系のジムだったのです。むくつけきコーチにつかまった瞬間、逃げようかと思いました。「体験だけでもやってってください」などと体型とは裏腹な優しい言葉にうなずいたものの、その「体験」の中身はかなりハードなものでした。

そりゃそうです。二五年以上も体を動かしていなかったのですから。簡単な腹筋運動に、お腹の筋肉がつりました（涙）。「体験だけで十分だ。きれいなお姉さんがいる別のジムに行こう」と帰り支度を整える私に、なんとそのコーチは、恐るべき殺し文句をぶつけてきたのです。

「談志さんのとこで真打ちになった人ですよね。次はいつ来ます？」

やられました。ただの見学者だった私は、この一言で立川流を、そして落語界を代表してトレーニングに挑む人間に選ばれてしまったのです。

辞めたら師匠にも、いや落語界にも恥をかかせてしまう。この強迫観念は強烈でした。翌日から今日まで、私は風邪で熱があったり、けがで運動できないとき以外、週三日はジムへ通う中年アスリートへと変貌を遂げました。フジテレビ系人気番組『アウト×デラックス』に、「本業より筋トレを優先する落語家」として出演するまでになりました。

さて、このウェイトトレーニング、ゴルフみたいに仲間とのコミュニケーションが深まるわけでもなく、野球でホームランを打つような爽快感もありません。ひたすら重いダンベルやバーベルを上げ下げするだけの地味な運動に、何が楽しいのかと疑問をもつ人もいるでしょう。

実はその喜びは、自分が決めたトレーニングを全てこなした後にやってきます。ジムのロビーでくつろぎながらプロテインを飲んでいるときに、たまらない「達成感」が訪れるのです。しかもこの快感は絶対に裏切りません。それが次のトレーニングへのモチベーションになります。

そうして筋肉痛にあえぐ日々が数カ月続いた後、自分の体型がガラリと変わっていることに気が付くと、もうやめられません。体型が変われば自信が付きます。体は反響板ですから、声にも迫力が出てきます。ますます自分が好きになる、好循環が生まれるのです！　始めた当初はベンチプレスで四〇kg×一回がやっとだったのに、今や一二〇kgを上げるまでになりました。ハードなトレーニングは熟睡を促し、三度の食事もおいしくて元気溌剌。いいことずくめです。

さらに日常生活で嫌なことがあったときは、「やけ酒」ならぬ「やけジム」が役立ちます。目の前のスクワットに真剣に取り組むうちに、はてさてさっきまでなんで悩んでいたのやら。居酒屋でダラダラくだを巻くより、ジムで汗を流したほうがすっきりすること請け合いです。

読者のみなさん。ウェイトトレーニングはみなさんのように「マジメで前向きな方」にこそ超オススメです。未経験の方、とりあえず自宅から一番近いジムに通ってみませんか。トレーナーに三カ月ほど付いてもらえば、基本は身に付きます。

しかし、私がこんなに夢中になったのも、あの九年前のコーチの一言があったから。あのコーチ、さすがは怪力、「言葉でも見事に人をもち上げてくれた」のです（笑）。

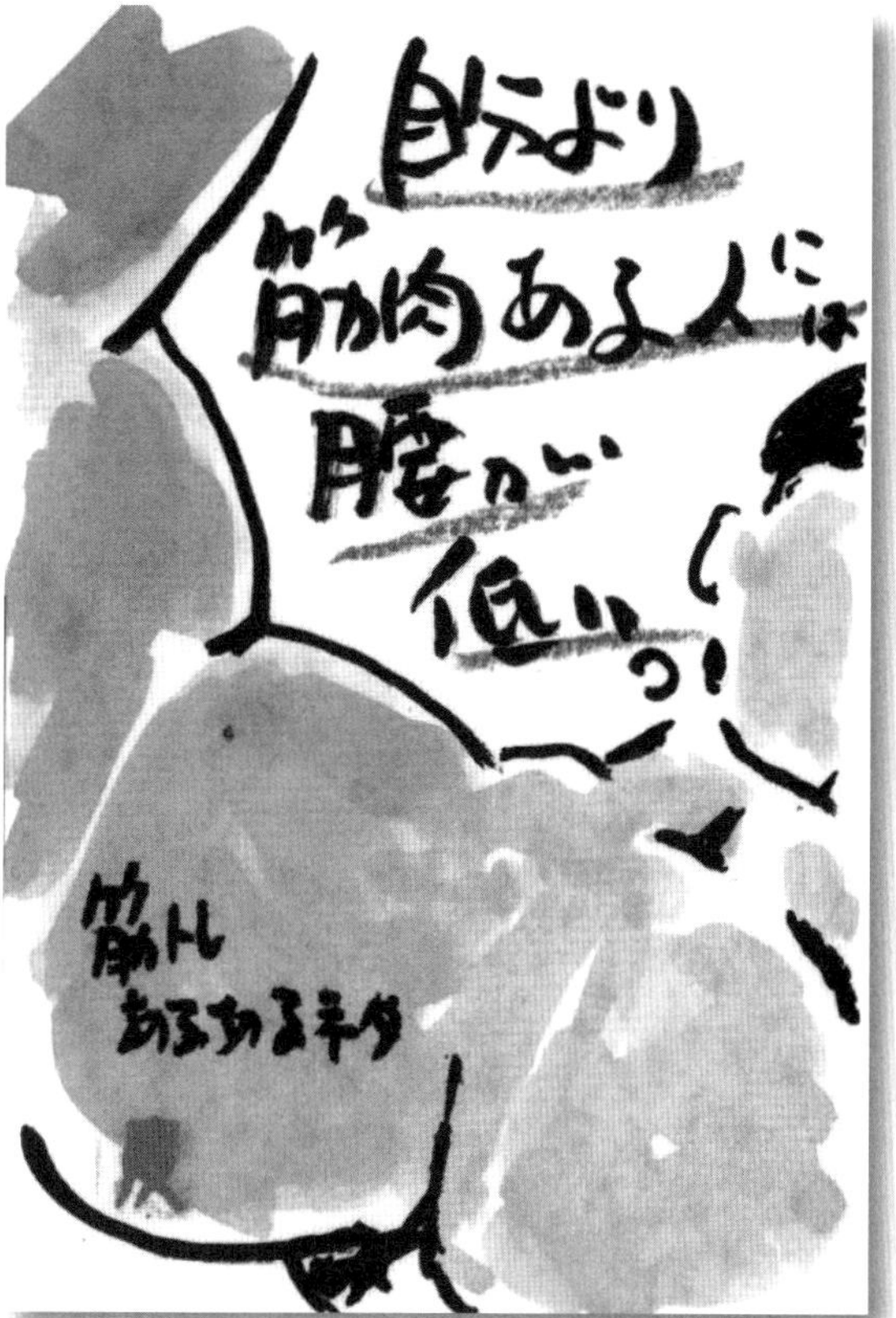
自分より
筋《キン》肉ある人には
腰が低いっ
筋トレ
あるあるネタ

「定年制」、やめてみませんか

以前、相模原の障害者施設で、入所者が殺害される陰惨な事件が起きました。本当の動機などはまだ解明されていませんが、ただ一つ、加害者の言動から浮かび上がってくるのは、「自分とは違う人たちに対する偏見」ではないかと思われます。

最近、つくづく思うのは、「あらゆる事故や事件の加害者・被害者は、そこで起きたこととは無縁に見える大多数の人々の身代わりではないか」ということです。日蓮は「仏法は体《たい》のごとし。世間は影のごとし。体曲がれば影斜めなり」といいましたが、この言葉、「むごい出来事は、人々が心の奥深く抱く考えの影の部分が表出したものだ」と解釈できないでしょうか。

逆にいうと、「心の奥の考え方」を一人一人が変えることで、この世の中も変わるといってるように思えます（仏教の「ぶ」の字も知らない私ですので、ここは釈徹宗先生の解説を待ちたいところですが）。むろん、残酷な犯人と善良な市民を一緒にするわけではありませんが……。

　さて、前置きが長くなりましたが、今回は斬新な提案をしたいと思います。それは「定年制をなくせ」です。

　わかりやすくいうと、これは「六〇歳定年」という常識を疑うところから始まります。平均寿命が伸び、八〇歳を超えても元気な老人が増えているということは、定年後の人生が二〇年以上あるということです。この先、人生の四分の一以上の時間を抱えている人を、「六〇歳になりました。はい、さようなら」と一律に会社から手放していいでしょうか。もちろん、通常の定年どおりに会社を辞め、悠々自適の生活を送りたい人もいるでしょう。けれど、「まだまだ働きたい」と思う方は決して少なくないはずです。

　そんな熱意ある人たちを切り捨ててしまうなんて、人的エネルギーを無駄にしていることに他なりません。もったいないないですよね。

　エネルギーは生かすに限ります。考えてもごらんなさいな。杖をついた八〇歳のご老人が個別セールスに来たら、そりゃなんだか応援したくなり、つい買ってしまうでしょ。腰は曲がっていても元気な、ヤクルトレディならぬ「ヤクルトおばあさん」を前にしたら、いつもより一本余計に買うのが人情ってもんです。

　そんなご長寿セールスマンに販売を担っていただけば、会社の売上アップはもちろん、経済の活性化も期待できると思われます。

いや、それだけではありません。セールスマンご本人にとっても、仕事で出歩くことは運動不足解消になり、「自分はまだ会社の役に立っている」という喜びが、生きる気概にもつながるはずです。やがて新入社員がその方の介護も担当したりすれば、一石二鳥じゃないでしょうか。

さらに職種を広げてみましょう。例えばキャビンアテンダント。元気なおばあさんを登用すれば、なんだか張りつめた機内もなごむはずです。子どもが泣いていれば、きっとあやしてくれるでしょう。「どっこいしょ」などといいながらドリンクサービスをしてくれたら、「おばあちゃん、いいよ、座っていなよ」と、疲れてカリカリした出張サラリーマンも、田舎に帰省したときのように優しくなれそうです。

あるいはメイドカフェ。きれいなおばあさんたちが揃いのコスチュームでお給仕してくれる店には、そんなメイドさん目当てに年配の男性も訪れます（そうなれば、店名は「冥途カフェ」でも……）。

先日、八〇歳を超えたメーカーの社長さんがテレビで謝罪しているのを観て、「お年寄りが謝ってるんだ、許してあげたら」という気持ちになりました。そう思ったのは私だけではないはず。年を取るって、マイナスばかりじゃないのです。

ま、落語家の思いついた愚論には違いありませんが、年齢に関係なくさまざまな人が働くことは社会の多様性につながり、さらに大きな変革すらもたらす可能性をもつと確信しています。実際に実現することになれば、若い層への負担も考慮して、賃金を低く抑えたり、勤務時間を短くするなど、しなければならない調整は山ほどあるでしょう。けれど、「お年寄り」＝「社会の弱者」＝「めんどうを見てあげる対象」というステレオタイプ的な考え方はきっと低減されるはずです。

これはそれこそ冒頭に述べた「犯罪にすらつながる偏見」をなくすことにもつながるのではないでしょうか。ひいては、「体力的な問題を抱える人でも積極的に参加できる社会」がつくられるものと思います。

つまり、こんな戯言のなかにも、社会の仕組みを変える可能性が含まれているぜ、といいたいのです。「高齢化」は「高財産化」。未来は決して暗い事ばかりじゃない。こう考えた方が絶対楽しいでしょ？

これからこの
"ツエのセールスじゃ。
アフター5は
合コン
とな。

「楽しいこと」を仕事にしちゃえ

大好きな落語に「あくび指南」があります。以前も触れたので、ご記憶の方もいるでしょう。江戸の街角に「あくび」を教授する場所ができたというんで友だちを誘って行った男が、その先生とやらにあくびを教わる噺です。

「あくびには四季がある」ともっともらしいことをいう先生が、「船の上でのあくびを教えます。「船もいいけど、こうして日がな一日乗ってるてえと退屈で退屈で……（あくび）ならねえ」。ところが、習いに来た男は頓珍漢なことをしでかすばかり。かたわらで友だちが「くだらねえなあ、何やってんだ。一緒にきた身にもなってみやがれ。こっちの方がよほど退屈で退屈で……（あくび）ならねえ」「あ、お連れさんはご器用だ。見ていて覚えた」

なんとも落語の王道らしい、「くだらなさ」が横溢する作品です。師匠談志は「これこそ江戸の爛熟の極みだ」と賛辞を送りましたが、確かに江戸の町の醸し出すのんき気さと風情が伝わってきますな。生理現象であるあくびを教える場所、そして、おつで粋なあくびをマスターしようという者。どう考えても、現代では成立しない間柄であります。

さて、先日、当コラムの編集担当女史・Kさんとの打ち合わせ中、私は衝撃的な事実を知りました。伊藤洋志著『ナリワイをつくる』（東京書籍）によると、「大正九年の国勢調査で国民から申告された職業は約3万5000種」だったのに対し、「現在の厚生労働省の『日本標準職業分類』によれば、いまや2167職種」とのこと。一〇〇年もたたない間に、職業の数が一〇分の一以下に激減してしまっているのです。

ここからは落語家の想像ですが、これを江戸時代までさかのぼるとどうでしょう。「あくびを教える仕事」が落語になったくらいですから、三万五〇〇〇種を優に超える仕事があったと思われます。野菜を売るにしても、「かぼちゃ屋」「豆屋」といった落語のタイトルそのままに、単品を天秤棒で担いで町内を売り歩いていた時代です。その職業多様性はどれほどか、と往時に思いをはせたくなります。

無論、業種はできるだけ集約したほうが効率がいいに決まっています。そんな職種減少によるシステム化と省略化の恩恵で、経済成長を実現してきたのがわが国であります。その効果は認めつつ、「大正時代やもっと前の江戸時代は、職業が多岐にわたっていたからのどかだったのでは」とも思えてくるのです（のどかだったから職業の種類も豊富だったのかもしれませんが）。仮説ですが、「職種の多さと時代のゆとりは比例する」といえるかもしれません。

さて、ここからさらにその仮説を増幅。「じゃあ、職業の種類を増やせば、いまよりゆとりある時代が訪れるのでは」と仮定します。「時代に逆行しよう」などという皮相的な話ではありません。「自分にしかできない仕事」を個々人が見つけ、既存の職種にこだわることなくオリジナルで勝負する姿勢こそ、これからの時代にふさわしく、前向きで奥深い選択ではないかと思うのです。

そうなれば、人材育成の場である大学なども変わってくるでしょう。かつては「会社に入るための教育」だけでよかったのが、これからは「会社をつくるための教育」が問われてゆくはずです。

ＴＢＳの『さんまのスーパーからくりＴＶ』『ＥＸＩＬＥ魂』などを手掛けたバラエティプロデューサー、角田陽一郎氏は「これからは楽しいことしか仕事にならない時代が来る。大転換期だ」と予見しました。角田さんは『オトナの！』という番組づくりで独立採算を貫くなど、ＴＢＳ本部の意向に左右されない「企業内企業」のようなシステムを整え、独自の切り口で実践して来た人。それだけに説得力があります。

私自身、落語家の他に、落語とビジネスをからめた本を十数冊出版しています。その意味ではは作家でもありますし、このコーナーのイラストも含め、「絵を描いて」という依頼も頂く絵手紙作家でもあります。

どれもこれも、楽しんで続けてきたことが仕事になりました。落語でいいたいことをいって発散した後は「じっくり本にまとめたい！」という衝動に駆られますし、落語と作家で行き詰ったときに絵筆を走らせると、思わぬアイデアが浮かんだりします。職種を増やすことで相互が補完される一石二鳥、いや、一石三鳥効果すら享受しているのです。

「まず自分が楽しいと思うことをとことん続けてみる」。そのコツはあらゆるものに惚れっぽくなる、つまりは「恋」をすることだと思います。大瀧泳一さんの名曲『こいの滝渡り』ならぬ「恋の多岐わたり」。小さな差を生む大きな一歩は、何よりもまず好きなことから。ともにこの国を変えようではありませんか！

職業が増えたら
タウンページは
メタボになるかも。
タウンページ
重い…

あなたの「物語」、売れますか

師匠談志はよく、「人生五〇過ぎなければ見えてこない」と言っていました。五〇歳を越えましたが、確かに以前より落ち着いて物事を吟味できるようになったと思います（ま、若い頃のように勢いだけで処理することが、スタミナ的にできなくなったせいかもしれませんが）。いずれにせよ、やっと熟考する癖がついてきました。

そこで、冒頭の師匠の言葉をかみしめつつ、最近ブレイクしている人や店、売れている商品の共通項を考えてみました。すると、次の言葉が鮮やかに浮かび上がってきたのです。

「いかに触れ合った人を本気にできるか」

この言葉、「いかに他人に自分の『物語』を読ませるか」ともいいかえられます。人の「本気」を引き出すものは「物語」。全てはここにかかっていると思うのです。

私は、この数年で十冊以上の本を書いてきました。つまりは恒常的に締切りに追われる身です。そのせいか、本だけでなく、人やモノなど、この世のあらゆるものに、「物語」

があると思うようになりました。

目の前の国産ワインにも、あるいはフィリピンバナナにも、背後には「物語」が存在します。それらの品物がどうやって生まれ、ここへ届けられたか。人間はそういうストーリーにときめく動物です。極論すれば、人は物語にしかときめかない生き物だともいえます。

われわれは人やモノに出合うと、まずその裏側にあるストーリーを想像します。元来、点を線にする作業が大好きですから、たちまち頭の中で起承転結ができて一気通貫。その人やモノに感動し、支持したくなります。わかりやすくいえば、「下積みの末に花開いた演歌歌手を応援するあの心情」ですな。

「売れるか、売れないか」は、相手の脳にかような高度な働きを起こせるかどうかにかかっています。「売れたヒト」や「売れたモノ」は、皆、受信者の感受性スイッチを入れることに成功したわけです。受け手をその気にさせる（もっといえば深読みさせる）力、いわば「物語を媒介とした巻き込み力」で世に出たのです。

話題になった映画『シン・ゴジラ』を観ました。噂にたがわず面白く感動しましたが、ちょうど高校野球の時期だったので、「全員野球ならぬ全員映画」というキーワードをそこに見た気がしました（まさに深読みです）。聞けば、エキストラまでもが崇高な意志をもってこの映画に参加したとのこと。自分の考えも、あながち間違いではなかったと納得しました。

さらにその後、リオ五輪の男子四〇〇mリレーで「日本に銀メダルをもたらした巧みなバトンパス」がニュースになりました。これら二つに共通するのは、この国では「突出した天才の出現」より、「各持ち場のスキルアップと全体の調整力」が強みになるということです。『シン・ゴジラ』では、官僚の「敏」と政治家の「鈍」をコアに、はみ出し者が協力する点が強調されていました。外敵を前に結束したチームの力で苦難を乗り切る体質は、明治維新から変わっていないかもしれません。しかし、その背後にある「物語」には、やはり心が揺さぶられました。

「背後の物語」に感動したのは、私だけではありません。観客それぞれが自分の感動を発信したからこそ、あの大ヒットにつながったのです。つまり、感動をキッカケに「受信者」が「発信者」になったわけですな。いい物語は、受信者を発信者へと変換します。「発信者側のパワーと受信者側の感性」の積が、新たな物語を生み出していくのです。

無論、一冊の小さな文庫本にも物語はあふれています。それをつくり出すのは作者だけではありません。一つの作品には、それにほだされた編集、営業、広告宣伝の各担当者、さらに書店員さんという売り場のプロがかかわっています。いわば「酔い痴れ仲間」がそろって「物語」にときめくからこそ、作品は世に出ていくのです。そんな仲間の輪に最後に加わるのが、読者の皆さんです。

談志は、「客の少ない落語会に遭遇したら、来なかったヤツが悔しがる落語をやってやればいいいんだ」と言っていました。これは「いい落語をやると、それを聞いたお客さんが、今度は発信者となって宣伝してくれる」という確信から出た言葉でしょう。談志は「物語を媒介とした巻き込み力」を予知していたのです。もっと単純にいえば、どんなときでもお客様を信じる姿勢を貫いたからこそ、「立川談志」になれたともいえます。

私も、「来なかった人が悔しがるような落語」「読まなかった人が惜しがるような本」を繰り出せるよう努力します。ブレイクするかどうかの境目は、「物語を媒介に他人を本気に出来るか」のただ一点。その意味で、誰もがベストセラー作家になれる可能性を秘めているんですから！

あなたの歩んできた道。
振り返るとそれが物語。

あなたの「居場所」になりたいな

おかげさまで、各種講演の依頼が増えています。死後数年がたち、世間様の師匠談志への思いも薄れるかと思いきや、いやはや、いまでも師匠のアナーキーな言動をネタに笑っていただき、私が「一般の人にも通じる教え」へとインチキ翻訳したその深い言葉（前座のころは「不快言葉」でしかなかったのですが）を喜んでいただいています。

さて、そんな会の打ち上げなどで土地の魚や地酒を出していただくなんぞ、まさに芸人冥利に尽きます。酒は人と人との距離を確実に縮めます。酌み交わしながら打ち解けてくると、参加者の方々から質問も飛び出します。酒の力は侮れません。わたくし立川談慶、そこで突如、「名言大王」へと変身するのです。

先日もこんな質問がありました。

「そんなに厳しい談志師匠の元での修業と、いま問題になっているパワハラとの違いって何でしょうか」

確かに、場合によっては若手社員を自殺にすら追い込む「パワハラ」と、談志の「無茶ぶり」は一見似ています。私は酔っぱらった勢いで、まずこんな前置きをしました。

「企業と徒弟制度の単純比較はナンセンスですが」

そして続けます。

「それは居場所があるかないかの違いではないでしょうか。厳しくとも、師匠は僕らの『居場所』でした」

聞いた方から思わず吐息が漏れる名言でした（自分で言うなよ）。

ほんとテキトーです。基本的にいつも口から出まかせです。このいい加減な男の本性を知るうちのカミさんなら、「また外面だけいいんだから」と切って捨てるところです。

でも、あらためて考えてみると、「居場所」って生きるうえでいちばん大事ではないでしょうか。

上司のパワハラで追い詰められ、自らの命を絶った社員は、会社という「居場所」に耐えられず、そこから逃げ出したい一心で悲しい選択をしたともいえます。少しつらい言い方ですが、自殺とは、居場所を死後の世界に求める行為なのです。

逆に、もしも確固として安らげる居場所があれば、どんなつらい状況にも耐えられるはずです。私も前座のころはこっぴどく怒られるばかりでしたが、師匠のそばは、そこにいる限り絶対に守ってもらえる「シェルター」のような居場所でした。実際、前座期間が他の落語団体の倍以上の長さに及んだときも、よその流派の落語家さんのお手伝いに行くと、ほんと親切にしてもらえたものです。少なくとも、邪険に扱われた思い出は一つもありません。こいつのバックには立川談志がついている――そんな「虎の威を借る狐」的なポジションに私がいたせいでしょうか。「居場所」が談志だったメリットは計り知れず、いまだにそのメリットを享受し続けています。

実は居場所は「その場を離れてもずっと守ってくれるもの」なのかもしれませんな。知らないうちに守られていたなんてなんだかいい話です。

ところで先日、とある本の中にこんな記述を見つけました。

「日本全国の水田が蓄えることのできる水の総量は八〇億トン以上に相当し、治水ダムの数倍に匹敵する」

つまり、雨水を上手に溜め、上手に還元する田んぼには、米を育てる機能のみならず、治水という国家防衛上の重要な役割があるのです。さらに「水田に溜まった水が太陽に照らされ蒸発することで、気温の上昇も防いでいる」とのこと。こうなると、もはや地球レベルの環境防衛。知らず知らずのうちに、田んぼは地球まで守ってくれているのです。

そこでふと思いました。もしかしたら、商店街にもそんな役割があるのでは、と。

子どもたちが集まる商店街の駄菓子屋や文房具屋は、子どもにとって栄養および学力補給の場です。同時にそういう店は、緊急時の避難所にもなります。古い商店街には顔馴染みの人たちがいて、不審者チェックもしてくれます。商店街は子どもたちにとって、見事な防犯機能を備えた大事な「居場所」なのです。

こんな隠れた恩恵を思えば、商店街のありがたさが改めて身にしみます。単に「儲かる、儲からない」の銭勘定だけで評価してはいけない場所って、この世にあるんですなあ。

ひるがえって、自分は「誰かの居場所」になっているでしょうか。

例えば夫婦の場合、離婚はお互いがお互いのいい居場所ではなくなったから起こる現象といえます。果たして私は、家族にとって居心地のいい居場所でしょうか。その死後も、私の大きな居場所である師匠のような存在に私がなれているのかどうか。はなはだ疑問ではありますが、たまにこんな自己チェックをしてみるのもいいと思います。

目に見える利益を生むものだけが大切なのではありません。皆さんは、「誰かが安らげる居場所」になっていますか？

心の居場所って
こんな感じかなあ?
居酒屋
いらっしゃい!

ジェラシーは飛躍の起爆剤だ

落語に出てくるフレーズでとりわけ好きなのが、「先の出ようで鬼にも蛇にも　なります　神にも仏にも」というものです。相手の言動によって怒りにも喜びにも、どちらにも転ぶのが人間関係の妙だということです。

これは決して、「俺が怒っているのは向こうのせいだ」というように、相手の出方で自分の感情が規定されるという意味ではありません。そんな「自分の感情を乱した相手の発言」も、元はといえば自分の発言から生まれたものかもしれないよ、ということです。言葉とはつくづくセンシティブで、人間関係に即影響を与えるものだなあと実感します。

先日、とある雑誌のインタビューを受けました。「なんでサラリーマンから落語家へと転身したのですか」という問いかけに、「大学時代もサラリーマン時代も、談志ほど魅力的な人に会えなかったからです」と思わず答え、後から妙に複雑な気持ちになりました。

大学時代やサラリーマン時代にも、大なり小なり影響を受けた方々がいたのです。にもかかわらず、これでは「その人たちは談志ほど魅力的じゃなかった」と取られかねない発言です。「談志ほど」という制御が利いているとはいえ、そのインタビュアーさんがそそっかしい人だったら、「立川談慶は、大学時代もサラリーマン時代も魅力的な人に出会えない人生を歩んできた」と受け止められる可能性だってあります。

また、「魅力」というのも悩ましい言葉です。「AさんよりBさんのほうが魅力的だ」などと、なんだかすぐ優劣を伴う匂いがあるのです。いってしまえば、それは私個人の感受性に過ぎませんから、実際には談志以上に魅力的な方々とも出会えていたのかもしれません。

こんなときどうしたらいいかを考えていたら、素晴らしい言葉に巡り合えました。「ジェラシー」（つまり、うらやましさ）です。マイナスのニュアンスをもつこの言葉ですが、「今まで出会った人のなかで談志ほど魅力的な人はいなかった」を、「今まで出会った人のなかで、ジェラシーを感じたのは談志だけだった」と変換すれば、誰も傷つけず、エールすら送ってもらえそうなフレーズになるから不思議です。

過去にお会いした方々のなかには、ずば抜けた才覚で企業を経営する人もいました。が、その仕事に対して、自分は決してジェラシーを感じませんでした。頭脳明晰なイケメンさんにも会いましたが、全く嫉妬は感じませんでした。

大観衆をうならせる落語、現代の風刺力、多数の弟子、マスコミからの注目。こんな談志に、本人がいなくなった今ですら、ジェラシーの炎を燃やし続ける私です。「憧れ」という字は「童に心」と書きます。憧憬とは、ずっと子どもの心のまんま、ある景色を見つめている感じでしょうか。その奥底には必ずジェラシーがあります。そもそも弟子入りの動機も、大いなるジェラシーでした。

今ふり返ると、あの厳しい前座時代は、談志がそのジェラシーの真贋を試すデスマッチだったとも思えます。「俺に対するジェラシーが本物なら耐えられずはずだ」とばかりに。これは談志の弟子なら、誰でも抱く感情だと信じます。

話をさらに飛躍させると、先を走る人間が、後を追う人間に限りなくジェラシーを抱かせ続ける存在であれば、その業界は活性化するのではないでしょうか。先達から受け継がれたジェラシーは「バトン」でもあります。「自分が自分の前を走る人に抱くのと同質なジェラシーを、後続にも与え続けているかどうか」が業界発展の肝なのです。

自分が何をしたいかわからないと戸惑う人には、「あなたがいちばんジェラシーを感じる人の近くで働きなさい」と答えれば、これでもう見事な人生相談です。肯定的な意味合いの強い「魅力」より、否定的なニュアンスをもつ「ジェラシー」の方が、より本能的で深い感情から湧き出すイメージがあります。そんな深奥部からのマイナスな叫びに耳を傾けた方が、結果として充実した日々を過ごせるに違いありません。

談志は「ジェラシーとは、己が行動を起こさずに、対象となる人間の弱みを口で上げつらい、自分のレベルまで下げる行為」と一刀両断しました。そう、大事なのはジェラシーを抱いてからの行動です。談志はさらに続けます。

「嫉妬しているほうが楽だが、そんなことでは何も変わらない。現実が事実だ。世の中がおかしいといったところで始まらない。そこから現状を把握して処理すりゃいいんだ」

天才の厳しい言葉ですが、ジェラシーをもつという「マイナスからのスタートの作法」とも受け止められます。飛躍への起爆剤は、燃え立つジェラシー。ディズニー・シーより、内なるジェラシーを！

ヤキモチは
遠火に焼ケよ
焼く人の胸も
焦がさず
味わいも佳し

「与太郎スタイル」で行こう！

巷でどんな感性が求められているかは、本屋さんで平積みにされた本を見るとわかります。かつて「一五分途切れずに話す方法」といった類の本が流行るなか、隣に「心の落ち着きを得る作法」なる本を見つけたときは、現代人はなんてアンビバレンツなんだと思いました。「ヒット商品のつくり方」という本が売れていないのを見ると、「本を読んで勉強しなきゃならないのはお前だろ」と著者にツッコミを入れたくもなりますな。

ヒット本の共通項は「効率重視」でしょうか。今の世の中、どうも手っ取り早く成果を上げたい人が多いようです。

私の生業は落語ですが、折からの落語ブームの余波か、最近は講演や執筆の依頼でずいぶん立て込むようになりました。思わず笑みがこぼれるありがたい状況ですが、これは一種のパラドックスでもあります。

なにしろ落語ほど「非効率」なものはありません。まずテレビのお笑いとは違い、寄席などのライブに足を運んでもらわないと良さをわかっていただけません。さらに、その技量を身に付けるには修業という時間のかかるプロセスが必要です。むしろ「効率への反動」であることが、落語の存在意義かもしれません。

さて、そんな存在意義を一手に引き受けるキャラクターに気づきました。「与太郎」です。与太郎＝バカという演出をする落語家が大半ななか、談志は「与太郎はバカじゃない。バカな奴が、「道具屋」のなかで「道具屋、お月様、見てはねる」なんていうわけない」と言っていました。談志の定義では「バカとは状況判断ができないやつ」のことですから、「バカは与太郎ではなく、与太郎をバカとしか見ない落語家のほうだ」ということでしょう。

実は今、私はそんな師匠の「与太郎の名誉回復宣言」にヒントを得て、与太郎論を書いています。「この閉塞感に満ちた世の中に風穴を開けてくれるのが、与太郎的感性ではないか」という妄想に近い思いで書き出しましたが、順調に進んでいます。

今のような効率最優先の世の中が、人間に鋭敏さを要求するのは必然かもしれません。が、与太郎はあくまで鈍重です。「孝行糖」という噺では、その虚仮の一念が実を結ぶかのように、雨の日も風の日もコツコツと商いに勤しみ、売り上げをどんどん伸ばします。これは機を見るに敏なタイプが取りこぼすマーケットを、コツコツ人間がさらうことをも意味するように思えます。

そして何より彼はモテます。「九尺二間に過ぎたるものは紅の付いたる火吹き竹」という都都逸には「たとえ貧乏でも、結婚できたらそれが最高の喜び」という意味があります。男女比七対三といわれ、所帯をもつことが困難だった江戸の世で、彼は妻帯できたばかりか、素晴らしい奥さんをもらっているのです。

それがわかるのが「錦の袈裟」という噺。町内の仲間が、隣町の若い衆と競って吉原に繰り出します。揃って錦のふんどしを付けていこうという話になるのですが、与太郎の分だけ足りません。与太郎はバカ正直に「皆と吉原に行くのに錦のふんどしが足りない。どうしたらいいか」と女房に指示を仰ぎます。すると女房は、お寺から錦の袈裟を借りて来るというアクロバティックな提案をするのです（ここが笑いのツボです）。

さて、それを付けて吉原へ行くと、遊女たちは与太郎のいでたちと鷹揚さを「殿様に違いない」とかいかぶってもてなします。翌日、仲間が迎えに行くと、与太郎はすっかり遊女とねんごろ。与太郎に惚れた遊女が「今朝は帰さないから」と言うと、与太郎は「今朝（袈裟）は返さない？　ああ、お寺をしくじっちゃう」

どうです、この女房。亭主の女郎買いを許したばかりでなく、男としての器量を上げるアドバイスまで送っています。こんな素敵な女性をカミさんにできたのは、与太郎の人徳あればこそですな。

与太郎がモテる理由を挙げましょう。「面白い（落語の登場人物ですもの）」「おおらか（基本的にいつも相手や状況を受け入れます）」「明るい（怒った姿をあまり見ません）」「忍耐強い（まさにバカの一つ覚えで商いに精を出します）」などなど。実に「バカ」の一言で切って捨てられない、魅力の塊なのです。

何より大事なのは、与太郎のようなゆるいキャラを受け入れてきた落語と、その土壌となった江戸という時代のゆとりです。「効率」を追い求めれば、どうしても「不寛容」になります。与太郎の言動を楽しむ豊かさこそ、これからこの国にますます必要じゃないでしょうか。

与太郎は落語の象徴でもあります。実生活で与太郎になれば迷惑がられること必至ですが（笑）、そのフレグランスをたしなむおおらかさは落語で満喫できるはず。与太郎の匂い、思い切り感じましょうよ。

「与太郎の名言」
「壊れた時計だって
一日に二度は合うよ」
「道具屋」より

勝負は「オチ」で決まります

しかしまあ、落語家とはつくづく不思議な職業です。スケジュールが空いていたとしても、いつの間にやらふさがってしまいます（しかも、大好きなジムに行けなくなるほど忙しくはならないのが、またありがたいところです）。「来月は暇がありそうだから、草津あたりにプチ旅行に行こうかな」と思っていても、知らず知らずに仕事が来ます。常々、落語家は「あってもなくてもいい仕事」と自覚していますが、その割に間断なく仕事をいただくのはなぜかを考えてみました（ここでは「談志の弟子」という条件は差っ引きます）。大げさですが、これが分析できれば、「比較的需要の低い職業でも存続できる理由」が浮かび上がってくる気もします。

いきなり結論めいたことをいいますと、落語家の仕事の成否は、落語の上手・下手もさることながら、「最後に安らぎを感じさせることができるかどうか」にかかっていると思うのです。落語とは「落ちを語る」もの。最後の印象が全てを決めるといっても、過言ではありません。

私に限らず、落語家は本番の講演の感触がいまいちだった場合、打ち上げの宴席を積極的に盛り上げて笑いをとろうとします。打ち上げは、いわばその仕事の「オチ」。そこを笑いで締められれば、途中のしくじりはある程度緩和されるのです。

こういう営みの縮刷版が、「○○と掛けて××と解く」「その心は？」「△△です（ここがオチ）」という、例の「なぞかけ」ですな。これぞ「オチこそ全て」の表れです。逆の見方をすれば、落語とは「終わりよければ全て良し」という考え方から生まれたのでは、とさえ思えてきます。

いや、もっと飛躍させるなら、「オチ」というラストのクライマックスを尊ぶのは、落語家のみならず、日本人全体の傾向かもしれません。野球がこの国で異様に愛されているのは、「代打逆転満塁ホームラン」のような劇的なオチを期待できるスポーツだからではないでしょうか。

ことほどさように物事の印象を決定する「オチ」は、付加価値の最たるものといえます。極論すれば、他人から聞いただけの話でも、そこにきっちりオリジナルの「オチ」を施せれば、見事な間接的体験談に昇華する可能性すらあるのです。

実は先日、ＪＲ東日本の子会社で、新幹線の清掃を担当しているＪＲ東日本テクノハートＴＥＳＳＥＩ（旧社名・鉄道整備）の社長さんの講演を聞く機会に恵まれました。新幹線が東京駅に入って来るときお辞儀をし続ける男女の姿を目にしますが、こちらはこのスタッフを束ねる会社です。七分しかない停車時間内に車内をきれいにする「奇跡」は外国でも評判になり、「おもてなしのプロ」と評されてハーバード大のテキストにも取り上げられたとのこと。社長の話はどれも興味深いものでしたが、なかでも感激したのが次の話です。

「トイレの汚物タンクを吸引掃除している時に、パイプが外れて担当者の男性が汚物まみれになってしまった。『すぐに着替えて！』という周囲の声にその男性は、『着替えたりすると発車時刻に間に合わないから、俺はこのままでやる！』と職務を敢行。みんな涙ながらに、その背中を見つめていた」

「正確な発車時刻を、裏で必死に守ろうとする職業人のプライド」を垣間見た思いからか、会場にはすすり泣く声すら聞こえました。「こういう陰の功労者のおかげで、新幹線は走っているんだなあ」と、私も素直に感激しました。

とはいえ、この話をそのまま伝えればただのパクリです。そこで、他人に話すときは、落語家らしく最後に一言こう付け加えます。

「やはり、『運行』は命がけなんですな」

感動的・間接的体験談にしてはやや尾籠《びろう》な「オチ」ですが、元ネタが元ネタなので、基本的に笑える話として受け入れていただいています。

さて、私の例を挙げましたが、「オチ」を付けるコツは、人から聞いたり、本で読んだりした話に、ただ感激したり笑ったりして終わらず、「その先は？」と常に追い求めることだと思います。そしてその話に、自分らしさという刻印（オチ）を押す。そこにあなたの個性も表れます。

これができれば、自分の体験談だけを朗々と語る人より、はるかに印象に残る人になれます。「オチは付加価値」を超えて「勝ち」を招きます。そう、オチは知性でもありますな。

最後に見事な例として、素敵な老夫婦の会話をご紹介しましょう。ご主人が「私がボケたらどうしよう」と悩んでつぶやいたとき、すかさず奥さんがこう返しました。

「その時は私がツッコムからね」

ご主人の言葉だけで終わっていたら、重苦しい空気に包まれていたことでしょう。やはり、常に「その先」を求めてみるべきです。「オチ」は世界を救うのです。

付加価値とは
フカヒレと
同じぐらいの
価値の
食べられたら「勝ち」

落語も仕事も「翻訳力」だ！

プロの落語家になって、長いこと時間が経ちました。前座のころでしょうか、ずっと頭を悩ませていた問題がありました。それは、「なぜ師匠と同じセリフとリズムとトーンとメロディで語っているのに、ぜんぜん受けないのか」という難問です。

前座の時期は、とにかく師匠の完全コピーを目指します。それこそが修業の第一歩。最初は師匠に、「俺のものまねか？」と言われたことすらありました。ただ、当たり前かもしれませんが、全く同じようにコピーしたつもりでも、師匠ほど爆笑が取れないケースがほとんどでした。

いったいなぜでしょうか。答えは無論一つではありませんが、最大の理由は「笑いのツボは人それぞれ。時と場合によっても、ピンポイントで変化するから」だと思います。科学実験のように「同じ演者、同じ観客、同じネタ、同じ場所」と条件をそろえても、「時と場合」が違うだけで、受ける時も受けない時もある。笑いとは、かくもセンシティブなものなのです。だからこそ、「一期一会」という言葉を噛みしめて高座を務めるようにはしています。

ところで最近、もう一つの理由がわかってきました。それは「そのネタが自分のモノになっていないから」。

師匠と弟子、つまり、コピーされる側とする側の、天と地の彼我の差とは何か。それは「翻訳力」の差ではないでしょうか。落語家のなかでも自由闊達に噺を操る名人は、「自分の言葉で落語を翻訳できている状態」に達した人々です。

翻訳といえば、談志は落語に対して、「落語とは人間の業の肯定である」と、過去の落語家が誰もしなかった定義を施しました。その意味で、「わかりにくい外国語」だった落語を、わかりやすく翻訳した最初の落語家だったともいえます。

もっとさかのぼれば、もともと落語自体、人間界という魑魅魍魎《ちみもうりょう》の跋扈する複雑難解な世界を、「翻訳」する形で登場したものかもしれません。最初の「翻訳」は「直訳」「逐語訳」のようなもので原書と大差なく、まだまだ一般大衆にはわかりにくいものでした。その後、その「原書の第一翻訳レベル」をさらにわかりやすくしたのが、談志をときめかせた過去の名人上手であり、また談志その人だったとも思えます。

ともかく、「そのネタが自分のものになっているかどうか」は、「自分の言葉でしゃべっているかどうか」、つまり、「自分なりに翻訳できているかどうか」にかかっていると思うのです。そうした「翻訳力」こそが、まさに「自分ならではの付加価値」に違いありません。

ここで翻って、仕事について考えてみましょう（お、翻訳の「翻」ですな）。落語に限らず、会社の仕事も「翻訳力」が左右するのではないでしょうか。上司や先輩から教わったことをそのままやるだけではただのコピー、前座レベルに過ぎません。そこに自分なりの翻訳力を駆使し、新たな地平線を構築できてはじめて「一人前＝真打ち」になる。これは落語家もサラリーマンも変わりません。落語も仕事も、まず他者に伝えることから始まることを思えば、当たり前かもしれませんな。

では、翻訳力を高めるにはどうしたらよいか。今、自分が取り組んでいることをお話しします。

落語であれ仕事であれ、翻訳は、その対象を理解することから始まります。それには「向こうの言い分」によく耳を傾けることです。ただ漫然と聞き流すのではなく、外国語を身に付けるようなつもりで目の前にあるものを受け入れる。全てはここから始まります（英語の学習もまずリスニングから、ですもんね）。

それができたら、今度は師匠や上司など、「教えてくれる人」の源流へとさらにさかのぼってみます。

そこに現れるのは、立川流でいえば談志が晩年提唱した「江戸の風」、会社でいえば「創業者精神」でしょうか。「教えてくれる人」に影響を与えたもの、つまりは、その人の魂魄に触れるところまで遡上すると、「日ごろルーティン化している行いにも、実はこんな深い意味があった」と新たな発見ができるはずです。

そんな体験を通して感じたことを自分の言葉にする。その力こそ、「翻訳力」だと確信します。実際、私は談志の難解な言葉をなんとか自分の言葉に翻訳することで、何冊も本を書くことができています（師匠は草葉の陰で、「誤訳だ！」と怒っているかもしれませんが）。

日蓮や親鸞などの名僧も、お経という難物を自分の言葉でわかりやすくした「名翻訳家」だと考えられます。伝わりやすく「意訳」するも、大胆な「超訳」を施すもよし。そのやり方があなたの個性です。

誰もが自分の仕事の「名翻訳家」たる要素をもっているはず。あなたの仕事をわかりやすく翻訳できるのは、あなたしかいないのです！

心の翻訳機を
使って
だから
ダメなんだ!
マイナス
心の翻訳機
これからだよ
プラス
上手に訳そう!!

参　与太郎の巻

「たとえ上手」は愛される

落語家になってからよくいただくのが、「師匠以外でどの落語家が好きですか」という質問です。うまい人、面白い人、味のある人、落語家の数だけ魅力がありますが、聞いていて一番のんびり笑えるのは古今亭志ん生師匠です。

とにかくこのお師匠さんは、ギャグとたとえ話の名人でした。例えば、「町内の若い衆」という落語で、登場人物が首をかしげている場面。「なに首をかしげてんだ。チコンキ（蓄音機）の犬みてえに」というたとえは絶品でした。

「チコンキの犬」とは、当時はやっていた「ビクターのスピーカーの前で首をかしげる犬のマスコット」のことです。初めて聞いたときは、「首をかしげた人」と人気キャラを結び付けるセンスに舌を巻いたものです。笑いは、意外なものの組み合わせと、そこに生じるギャップから生まれます。極論すれば、ギャグは「たとえ」なのかもしれません。落語の自由闊達さは、志ん生師匠に学ばせていただきました。

志ん生師匠に限らず、落語のフレーズは「上手なたとえ」のオンパレードです。大声を出す人には「目の前にいるのに、船を見送るような声なんか出しやがって」（絵が浮かびますよね）。あるいは前座噺の「道灌」では、太田道灌がかぶる騎射笠を、「しいたけがおり食らったような」などと見事に表現しています。

落語は、映像、音響、照明などの演出サポートをいっさい受けず、演者の表情と語りで訴える芸能です。だからこそ志ん生師匠を始めとした過去の落語家たちは、「まずはわかりやすく伝える姿勢こそ落語の本分」と察知していたのでしょう。

うまいたとえは話をわかりやすくするだけでなく、演者の個性を発揮することにも役立ちます。

先日、某寺院で落語と仏教について話す機会がありました。実は、この二つは非常によく似ています。ともに修行が前提ですし、ともに人間を救ってくれます。

そこで私は、「志ん生師匠が法然、その息子の志ん朝師匠が親鸞、小さん師匠が道元で、談志が日蓮」とたとえました。仏教や落語をわかりやすく世間に広めた法然と志ん生、その後に続いた親鸞と志ん朝。どちらも見事につながります。また、たたずまいが禅味そのものの小さんは道元に通じ、苛烈な法難を甘んじて受けた日蓮は談志と重なります。このたとえは、そこに集まった方々にもご納得いただけたようでした。

例えば国際関係も、「擬人化」というたとえの手法を用いると、ぐっとわかりやすくなります。まず、日本は「自動車会社の二代目若旦那」でしょう。落語に出て来るボンボンの風情です。アメリカは「先祖が保安官のハンバーガーショップのオーナー」、中国は「北朝鮮の後見人を務める漢文の先生」、ロシアは「ウォッカが大好物の木こり」、韓国は「映画大好きの激辛料理シェフ」。核開発に明け暮れる北朝鮮は、「改造ピストルをつくってしまいそうな勢いのミリタリーマニア」とすると、合点が行くのではないでしょうか。こう見ると、複雑な六か国協議がまるで町内会の寄り合いに見えてきて、国際政治が身近に感じられそうです。

かつて談志は落語を、「『忠臣蔵』で吉良邸に討ち入りに行かなかった、四十七士以外の浅野の家来の了見」とたとえました。『忠臣蔵』は一言でいえば、「浅野内匠頭の仇を討つべく、吉良邸に討ち入りした四十七人の栄誉をたたえる話」です。逆にいうとそこには、浅野家の家臣でありながら討ち入りに行かなかった大勢の人間がいます。彼らが参加しなかった理由には、「嫌だよ、死ぬのは」「痛いもん」「めんどうくさいし」といった人間臭いものもあったはず。そんな、世間でいう「ダメ人間」にスポットを当て続けてきたものこそ、落語だというのです。実にわかりやすいたとえですよね。

志ん生師匠や談志のような天才的なひらめきは無理でも、たとえ話は誰にでもできます。私はよく、二代目政治家を「落語に出てくる大店《おおだな》の若旦那」に、大物議員の取り巻きを「幇間《たいこ》もちの一八」にたとえています。そんな目で眺めたら、政治家の発言にむやみに腹を立てたり、妄信したりすることもなくなるのではないでしょうか。

他人に向けて面白いたとえ話をするには、相手の趣味嗜好などの情報を事前に入手し、自分が伝えたいこととの共通項を探るのがおすすめです。私はさておき、たとえ上手な人は基本、親切だと思うのです。事実をそのまま口にせず、わかりやすく、面白く変換するには、「他者にわかってもらうにはどうすべきか」を常に考える優しさが必要ですもの。

たとえは、日々の積み重ねで必ずうまくなります。皆さんも、今日から練習を始めませんか。例えばこんな質問から。「あなたの会社、何にたとえられますか?」

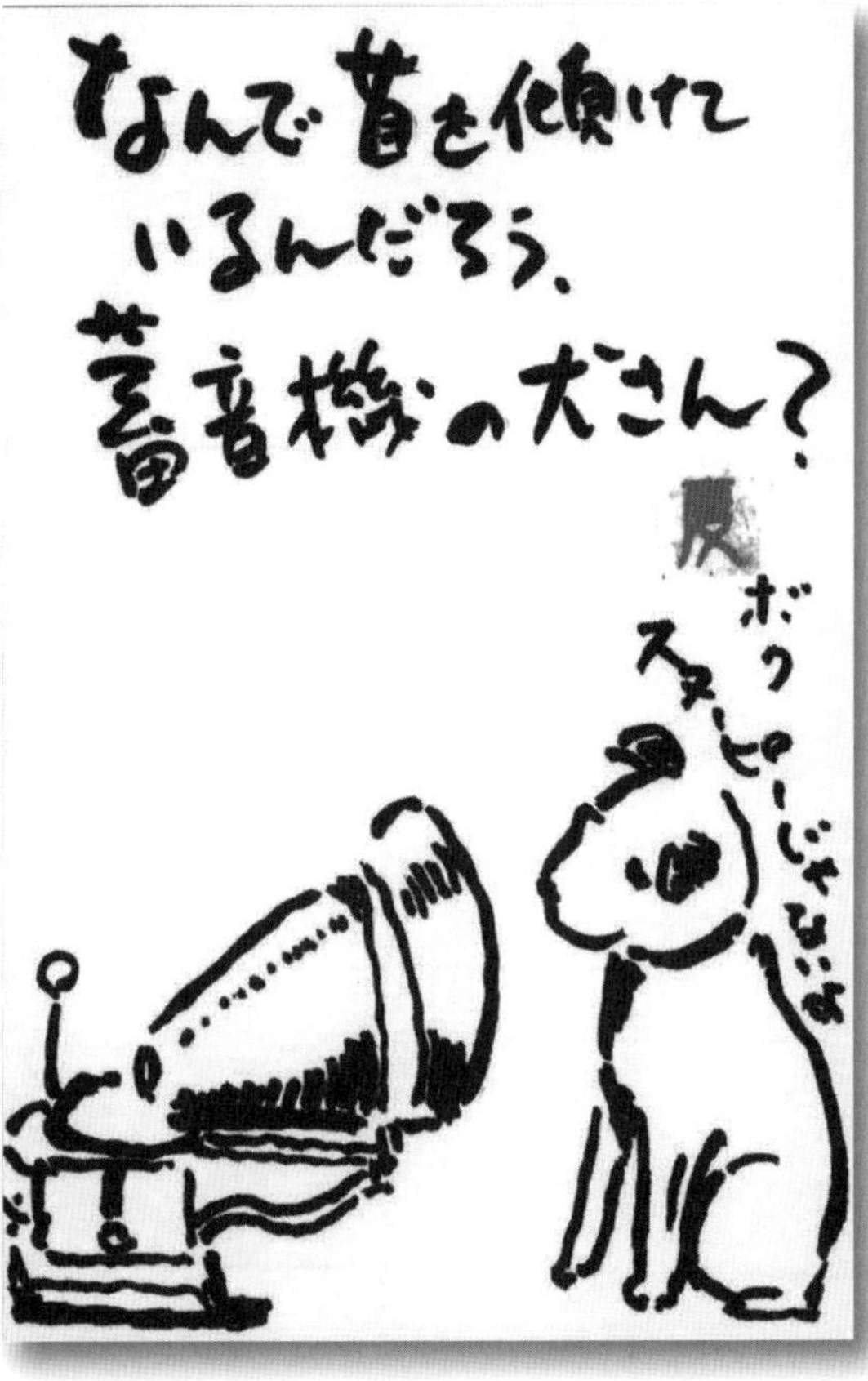
なんで首を傾けているんだろう、
蓄音機の犬さん？
ボク
スヌーピーじゃないよ

会社を楽しく「私物化」しちゃえ

いやはや、日記は財産になりますな。過去の日記、といっても、前座時代のメモのような記述の羅列しかないのですが、そんな記号だけでも残しておくと、開いた時に「自然解凍」とでもいうべきことが起こります。二〇数年前のノートの匂いから当時の記憶と師匠の小言がよみがえってきて、一気にタイムスリップしてしまうのです。

むしろ断片的な情報のほうが、こちらがその後身に付けた読解力とあいまって、ズシンと深く響くから不思議です。私の場合、師匠談志の言葉（というより、当時はほぼ罵詈雑言でした）を、見方を変え、拡大解釈することで本まで出させていただいているのですから、宝の山はどこに転がっているかわかりません。

今日はそんな師匠の言葉の一つ、「会社を私物化せよ」を掘り下げてみたいと思います。

この「会社を私物化せよ」、師匠がフジテレビの入社式で語った言葉です。「会社を私物化しちまえ。社内の便箋なんかどんどん使って、手紙なんか書くといい。そんな私信から、てあります。

会社の儲けを生み出すキッカケをつくってやればいいだけだ」。私の日記には、そう記しておきました。

ここでいう「私物化」は、例えば「ＰＴＡ会費を私物化して飲食代に当てていた」「会社の金庫を私物化した結果、経営が傾いた」というように、悪いケースに多く使われる言葉です。しかしもちろん、師匠は、難関を突破してきた新入社員に会社のカネをチョロまかせなどといったのではありません。ここは談志一流の言い回しですから、吟味して解説しましょう。

ここでいう「私物化」とは、「対象を自分のもののように大切にする」という意味だと思うのです。人間は好きなものを「私物化」する生き物です。好きな女性を口説いて結婚することは、相手の同意の元、彼女の人生の一部分を私物化することでもあります。やがて子どもが生まれ、その子の自我が芽生えるまで親の価値観に沿った教育を施すのも、世間の常識の範囲でという制約はありますが、やはり子どもを「私物化」することに他なりません。

談志の落語家人生も、私物化しまくりでした。落語家なのにベストセラーを出し、国会議員にまでなったかと思うと、落語協会を飛び出して立川流をつくる。これら一連の行為は、本や政治や落語をそのときどきの接点で「私物化」したともとれます。ま、われわれ弟子たちも、そんな師匠にいい意味で「私物化」された格好ですな。

フジテレビの入社式で、談志が二〇代前半の若者に対して「私物化」という極論臭の強い言葉をセレクトしたのは、「会社との距離を上手に縮めてみろよ。その方が絶対、会社生活は楽しくなるから」と説く優しさだったのではと、師匠亡き今しみじみ思います。確かに会社を私物化する意識があれば、「会社に使われる」「会社に人生を支配される」といった、「主導権を会社に握られる状態」は回避できそうです。そこで大事なのは、愛がなければ私物化はできないということ。「私物化」とは、「自らが主体となって対象への愛を育むこと」ともいえます（飛躍させ過ぎでしょうか）。

ここでふと思い出すのが、大手広告代理店の若い女性が、長時間労働から自殺に追い込まれたあの事件です。無論、原因は一つではないはずで一刀両断にはできませんが、彼女に「会社を私物化しちゃおう＝会社に対して主導権を握っちゃえ」というはっきりした意識があれば（あるいは、そんなことをいってくれる上司がいたら）、仕事への心持ちもだいぶ軽くなったのではと想像します。

古来、日本人は「公私混同」を忌み嫌ってきました。公私の「けじめ」や「節目」をとても重んじる国民性です。しかし現代は、「公か私か」と二つを分けるのではなく、「公も私も」とつなげなければ何事も成功しにくい複雑な時代。そういう世の中を生き抜くためには、けじめの感覚を大事にしながらも捉われ過ぎず、「上手な私物化」を実現する姿勢が肝心なのではないでしょうか。

そこでまずは、公と私の垣根を取り払ってみましょう。仕事がプライベートの遊びのようになったらこんな楽しいことはないし、遊びが仕事のようにお金になれば、それはそれで幸せです。実際、私自身、毎日そんな感覚で生きています。遊びのように楽しんで落語をやらせてもらいつつ、本物の遊びのなかで拾ったネタが落語にも生きています。

「会社を私物化しちまえ」というやや乱暴に聞こえる談志語録も、こうして飛躍させるとより面白くなります。どうせなら、私物化の対象をあらゆるものに広げてみましょうよ。

私物化とは、いわば一種のカスタマイズ、万物を「あなた色」に染めることです。「あなた色」とはバラ色のこと。バラ色人生は、「前向きな私物化」から始まるのです！

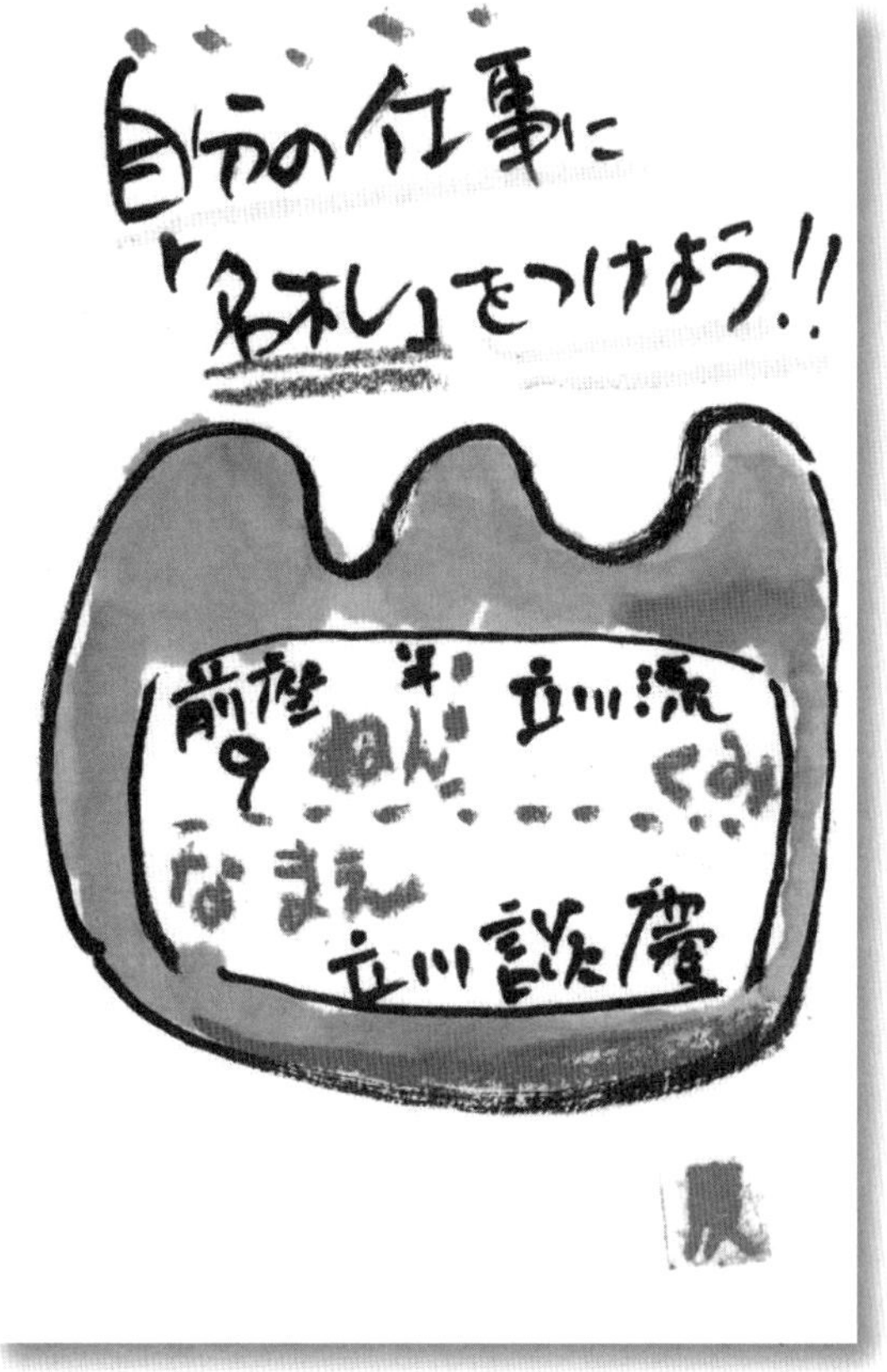
自分の仕事に
「名札」をつけよう!!
前座の ねん
立川流 くみ
なまえ
立川談慶

「怒り爆発寸前」がチャンスです

人間は追い詰められたときに、ホンネが出るといいます。悲しいかな、そういうものですな。

落語に「厩火事」という噺があります。遊び人の亭主が自分のことをどう思っているか不安に思う女房が、仲人の家を訪れます。仲人はそんな女房にこういうのです。

「昔、孔子さまがお出かけの最中、弟子たちが火事を起こして大切な愛馬を死なせてしまった。ところが帰宅した孔子さまは、『お前たちにけがはなかったか』と問うたのみで、火事の不始末や愛馬のことを一言もいわない。これと真逆なのが、麹町のさる大名だ。こちらは瀬戸物がご趣味。ある日、奥方がその大切な瀬戸物を二階から下ろす途中、階段から転げ落ちてしまった。大名は『瀬戸物は無事か⁉』というだけで、奥方の体を一つも心配しなかった」

そして、こうアドバイスします。

「お前の亭主も、焼き物を大事にしてるだろ。転んだふりをして、それを割ってごらん。そのとき孔子さまのような対応をしたら、そのまま添い遂げる。麹町の大名みたいな言動をしたら、あきらめて別れなさい」

意を決した女房は、仲人にいわれたとおり、転んだ拍子に亭主の焼き物を割ります。亭主はとっさに「ケガはないか⁉」。女房はうれしくなって「やっぱり焼き物より、私の体が大事かい」と聞くと、「当たり前だ。お前にケガでもされてみろ、明日から遊んでて酒が飲めねえや」。

いやはや、よくできた噺ですよね。

この噺を改めて見てみましょう。この後、孔子さまは弟子たちから「こんなお方のためなら生涯尽くそう」と慕われ、一方の大名は、奥方から離縁を突き付けられたことは想像に難くありません。「人としての器の違い」といえばそれまでですが、この差を「怒りに任せた言動をしたときに周りがどう思うのか」の一点に対するセンサーの違いと分析すると、普通の人でも手が届く「目標」が見えてきます。

その人が大人かどうかは、「怒りの沸点に達しそうな瞬間での差配」に現れます。「おとなしい」という言葉は、「おとな」から来たのだとか。どんな状況でも慌てず騒がず、落ち着いてリアクションできる人は大人として尊敬されます。

最近は「アンガーマネジメント」がはやりですが、本物の大人になるために、怒りを次のように見つめ直してみてはどうでしょう。

「怒りが爆発しそうな瞬間。それは支援者を獲得できる瞬間でもある」

いまから四十数年前、談志は国会議員に立候補しました。いまでこそタレント議員は当たり前ですが、当時は落語家が国政に打って出るなど考えにくい時代。ある演説会場で酔客から、「お前が国会議員になんかなれるわけがない。国政をなめているのか⁉」とからまれました。

そこで談志は即座に、「あなたよりは可能性があります！」と一言。いやはや、天才的なアドリブです。

ここでもし怒りに駆られて罵詈雑言を返そうものなら、それを聞いた人々は「こんな短気な人間に国会議員なんか務まるのか」と思うかもしれません。下手をすれば、その言動が命取りになることも。それほど有権者は敏感で、選挙とはデリケートなものなのです。談志は常に「自分がこう振る舞えば周囲はこう思う」ということを意識し、高座で命がけの戦いをクリアしてきました。このときはまさに、そこで培ったアドリブ力が活かされた格好です。

怒りとは、いわば「感情がダイレクトに噴出している状態」。そんなとき、談志のような機転を利かすのは簡単ではありません。しかし、日ごろの積み重ねで、難を逃れることはできます。例えば常に自分のなかで、「もしここで誰かがいきなり怒りで斬りこんで来ても、俺は怒りに振り回されないぞ」と、「心の避難訓練」を心掛けてみましょう。怒りの現場に遭遇するのも、「災害」みたいなものですもんね。

われわれ落語家は、日々そんな出来事と向き合っています。噺が佳境に入ったところで携帯電話が鳴ったりすれば、「怒り」がマックスに近付くことも。しかし、考えてみれば、もはや携帯電話が鳴ることは「想定内」にするべき時代です。

先日は長野の独演会で「壺算」というネタの最中、なんと高座が崩れ落ちました。怒りはもちろん、めったにない出来事に驚くばかり。数分の中断の間、私は「よし、落語の登場人物になり切ってこの場を処理しよう」と覚悟を決め、開口一番、「あーあ、せっかく買ってきた壺が割れちゃったよ」と一言。一部始終を見ていたお客さまは大爆笑となり、思わず「勝った！」と思いました。

さて、皆さん、怒りたくなったら、「よし、これでファンが増えるぞ」とつぶやいてみましょう。冷静になれること、請け合いです。そうやって誠心誠意、怒りを回避し続けるあなたを、必ず誰かは見ていますよ。

アンガーを
アンダーに!!
6つ数えよう!!

発見！　人生は「学校」だ！

おかげさまで以前出版した『落語家直伝 うまい！授業のつくりかた』が版を重ねています。こちらは小学校の先生向けに、落語のエッセンスを授業に生かすための技術を紹介した書籍です。こういう専門書が短期間に増刷されるのは異例とのこと。関係各位に改めて御礼申し上げます。

さて、その余波なのか、近ごろ小中学校を訪れる機会が増えました。そんなとき、私はよく「落語にはいじめがない」というお話をします。落語に出て来る与太郎は、名前からして愚かしい人物を想起させますよね。その名のとおりドジをしまくるわけですが、いじめられるような場面は落語にはいっさいありません。

それどころか、「孝行糖」「かぼちゃ屋」といった噺では、世話焼きな近所の人や叔父さんから懸命に仕事を仕込んでもらいます。まさに「愛され力」を存分に発揮し、慕われているのです。

そういう話をした後、私は子どもたちに「いじめをしちゃいけないというのではなく、一歩間違えばいじめてしまいそうな相手でも笑って受け入れたほうが絶対楽しいんだよ」と、わかりやすく落語の本質を解説してから実演に入ります。目をキラキラさせて爆笑する子どもたちに接すると、まだまだ落語の命脈は保たれるという手応えを感じ、こちらがお礼したくなる衝動に駆られます。

子どもたちとハイタッチしながら会場の体育館を後にしたとき、私はしみじみ思いました。

「人生は学校じゃないか」

偉そうな講演をした私だって、彼らから見れば「学年で四〇コ上の先輩」に過ぎません。ここからはるかに飛躍させると、お釈迦さまやキリストさまも「学年で二五〇〇コと、二〇二〇コ上の先輩」です。「だいぶ上の先輩がスゲエいいこといってる」と思うと、宗教にも親しみが湧きませんか。難しい経典との距離すら、ぐっと縮まる気がします。

さて、これをわれわれの日常生活に当てはめてみましょう。

毎日大変な思いをして通う会社は、「社会科の実習」です。経理を担当する人なら、日々、「算数」に取り組んでいるわけです。ものづくりの現場は「技術」の時間。広告デザインなどに携わるのは、さしずめ「図工」でしょう。こう見ると、自分の仕事を子どもの自分が見つめ直しているようにも感じられて、新鮮な気持ちになれるのではないでしょうか。
ちなみに私は、少学二年生のときの文集に「落語家になりたい」と書きました。そのとおり好きな仕事に就けたのですから、人生自体が「夏休み」みたいなものです。原稿書きや書籍の打ち合わせは「夏休みの国語の宿題」。その合間を縫ってジムという「保健体育」の実技に通い、仕事のお礼状をしたためる「書道」をこなし、ときに家族に夕食をつくる「家庭科」の実習に勤しんでいます。

さらに飛躍させてみましょう。私から見てわが家の子どもたちは「学年で三十数コ下の後輩たち」です。これは人生のルールがわからなくて当然ですな。カミさんは私より一歳下だから、「一コ下の後輩」。そんな後輩たちと出かける「修学旅行」、つまりは家族旅行が楽しくないわけありません。

基本的に家族は同じ価値観をもつ者同士で築くものですから、学校の「部活」そのものです。サッカー部にはサッカー部の、茶道部には茶道部のルールがあるように、それぞれの家族にもルールがあります。親子関係も「家族部」という部活の先輩後輩の間柄と見れば、互いの距離感も客観的に捉え直せます。これは窮屈さが減りますよ。だって皆さん、部活の先輩なんて、大概ウザいものだったでしょう？（笑）。

亡くなるのが「卒業」ならば、人生とはそれまでひたすら学び続ける「生涯学習」そのものです。「人生自体が学校」という意識が徹底したら、「出身校のいい・悪い」といった評価もナンセンスになります。毎日、「生涯学校」に通いながら、過去の一時期通っていた学校の良し悪しが、その人の評価や将来を決めるなんて無意味ですもの。大学受験で失敗した人もいくらでもリカバリーできる、これこそ「再チャレンジ可能社会」の到来ではないでしょうか。

失敗したり、ドジを踏んだりしたら、「授業料」だと思ってその経験に学べば、さらなる成長や進歩も望めます。万が一、警察に捕まったら、留置所で学ぶ「留学」を経て社会復帰のチャンスが広がる……と、これはまあ、冗談ですが（笑）。

「中学四〇年生」の私は、この後、本コラムの絵手紙を描く「美術」の時間に移ります。それを仕上げたら、「理科」の授業で植木鉢への水やり、さらに「清掃」が待っています。サボると、クラス委員でもあるカミさんから怒られます！

さあ、皆さん、チャイムが鳴りました。学生同士、頑張りましょう！

"人生が学校なら
夫婦は
二人三脚!
足、ふんでるよ…

その欠点、「技術」で消しちゃえ

師匠談志の存命中、立川流のいちばんの特色は、「前座修業が他の一門に比べて異様に長い」ということでした。

かくいう自分も、落語家として一応の人格を付与される二つ目に昇進するまで、他団体平均の三倍近い、九年半もの時間を要しました。その最大の原因は、昇進基準の一つである「歌舞音曲」でつまずいたことです。もっと具体的にいうと、「師匠好みの唄を、師匠好みのトーンで唄えなかった」、この一点に尽きます。

師匠いわく、「小唄端唄なんて、稽古場に通うほどの内容を求めてはいないんだ。あんなの、鼻歌でいいんだ」とのことでしたが、考えてみると、鼻歌こそ、「しっかり手の内に入っているからこそできる芸当」です。逆にいうと、「鼻歌になるまで体に馴染ませるぐらいのレベル」に達しないと、合格点はもらえなかったともいえます。

前座時代の後半でしょうか、師匠がとある雑誌のインタビューを受けました。その日、私は師匠に同行していました。立川流の内部事情にかなり詳しいインタビュアーさんが、師匠にこう切り出します。

「お弟子さんが音痴だった場合、唄の昇進基準突破は、厳しいものになりますよね？」

そばにいた私は、「おっ、本質的な質問だなあ」と色めき立ちました。が、師匠はこう言い返したのです。

「いや、それは甘えなんだ。音痴という言葉に寄りかかっているだけなんだ。俺はあくまでも『技術』を問うているんだ」

音痴そのものが「甘え」なのではなく、「自分が音痴だから昇進基準を下げてくれ」という姿勢が甘えだというのです。師匠らしい厳しい言葉ではありますが、実に公平だなあとしみじみ思います。そこで今回はこの言葉を飛躍させ、「世の中、全て技術では」と訴えてみたいと思います。

先日、とある企業で新入社員向けに講演をさせてもらいました。ひとしきり話を終えた後、真面目そうな男性からこんな質問が出ました。

「自分は人見知りするたちで、コミュニケーションが下手なんです」

私はこの発言に、師匠のスタイルで接してみました。「甘え」というフレーズは使いませんが……。

「人見知りという言葉は、時に言い訳に聞こえることもあります。いまの言葉を立川談志のような意地の悪い、面倒くさい人が聞いたら、『コミュニケーションが苦手だということを、人見知りのせいにしている』と受け止めるかもしれませんよ」

心の中で師匠に手を合わせながら、さらにこう続けました。

「ほんと、世の中いい人ばかりではありません。仮にあなたが本当に人見知りでも、ビジネスの世界ではそれは関係ないのです。ズバリ言えば、技術を使って、人見知りであることが伝わらないように振る舞えばいいだけの話です。技術さえ身に付ければ、人見知りでも構わない。むしろ『自分は人見知りだ』と客観的に自分を見つめられるあなたなら、必ずコミュニケーション上手になれるはずです。私もそうでした」

持ち上げたり、落としたり、最後に希望をもたせたり。いやはや、講師のコミュニケーション能力を問われるのが質問コーナーですな。

とはいえ、「音痴」「人見知り」といった、一見根本的と思われる欠点も、「技術」という言葉を橋渡しのように置くことで、一気に乗り越え可能なハードルに見えてくるから不思議です。「技術」という概念を間に挟むことで、遠かった目的地が、努力と工夫で制覇できる身近な領域に変換される。そんな気がします。

質問をいただいた男性には、さらにこう話しました。

「手始めに、『笑顔も技術だ』と思ってしまいましょうよ。腹の中の考えなんて相手には見えませんから、まずはニコニコする技術を身に付ければいいのです。『人見知り』という性格は脇に置いておいて、スキルとしての笑顔を磨くのです」

唄がうまく唄えず、昇進に手間取った私も、あるときから「唄を技術として捉えよう。問われているのは冷静な技術の巧拙だ。師匠は公平に見てくれている」と頭を切り替え、唄の修練に励みました。その努力が奏功し、結果として長い前座期間にピリオドを打つことができたのです。

仕事や人間関係で越えられない壁に直面した時、「私は引っ込み思案だから」などと尻込みせず、「技術で何とかなるかも」と考えを切り替えてはどうでしょうか。「引っ込み思案をカバーする技術を身に付けるにはどうしたらいいか」と、自らへの質問を変えるのです。「答えではなく、問いの立て方を変える」。これも、この生きにくい世の中を生き抜くための大事な「技術」だと確信します。

「世の中、すべて技術なんだ！」

そう思うと、明るく輝く突破口が見えてきませんか。なんだか快哉を叫びたくなりますよね！

笑顔こそ技術！
①「イー」と声を出し、
②過去の面白い出来事を思い出し、
③それでキープ！

努力は「成功への導火線」だ！

友人にお相撲さんがいます。

陸奥部屋の勇輝君という、幕下で頑張っている好青年です。千秋楽の打ち上げパーティーで司会をさせてもらったご縁で仲良くなり、本場所後には一緒に筋トレに励んだりする間柄です。力士に負けじと、私が年甲斐もなくデッドリフト一六〇キロを上げたりすると、「談慶さん、すごいですね」とおだててくれるのがうれしいです（そこかよ）。

なんとか十両まで上がれるよう、支援を続けたいものですが、世代も違うのになぜ親しいのかを改めて考えると、一つは共に「徒弟制度の中で生きている」ことがあると思います。が、おそらくそれより大きいのは、相撲も落語も「成長するのに時間がかかる」からだと思うのです。

勇輝君の師匠・陸奥親方（元大関霧島）は、打ち上げパーティーの席でよく、「立ち合いの変化で勝利を決めた弟子には小言を言うけど、正々堂々、正面からぶつかって負けた弟子は褒める」と言います。勇輝君から「今場所、負け越しました」というメールが来たときなぞ私もそれにならい、「精一杯、稽古を続けることだよ。俺も前座をクリアするのに九年半かかった。すぐに結果は出ないよ」と激励の返事を送ったりします。

と、ここで気づいたのですが、実はこの構図、彼への声援はそのまま自分自身への声援、つまり「こだま」なのかもしれません。

私だけではありません。お相撲さんを応援する人々は、「なかなか結果が出ない厳しい環境の中で、裸一貫で道を開こうとしている力士」に自らの姿を重ねているのではないでしょうか。声をからして送ったエールが、力士の巨体という反響板に跳ね返って自らを鼓舞してゆく――だから、必死で応援するのです。そう思うと、何をやっても芽が出ない前座時代に私が相撲界の方々と親しくなったのも、ご縁だったと感じます。

相撲も落語も経営も、たぶん法則はただ一つ、「結果はすぐに出ない。だから、そこで這いつくばるしかない」ということです。

戦いには必ず相手がいます。誰かが勝てば誰かが負け、誰かが笑えば誰かが泣きます。そういう世界で目に見える結果を出そうとすれば、時間がかかることを覚悟しなければなりません。これと反対に、手っ取り早く結果や利益を求めた失敗例が、食品偽装や性能データ改ざんなどの各種不祥事なのでしょう。

これまで私は本を一〇冊以上出版し、おかげさまで七割重版を迎えることができました。これも、自分の靴底を減らして必死に全国の書店さん回るという、泥臭いやり方にすがった結果です。テレビで顔が売れたタレントさんの本が「発売前から大増刷」などというニュースに接するたび、正直、彼我の差を感じて落ち込むこともあります。が、「比べている暇があったら、明日の落語会の後、手売りで一冊でも多く売ろう」と、即座に頭を切り替えています。

結局、コツコツやるしかないのです。ならばいっそ、こう考えてはどうでしょう。「結果が出ない時は導火線期間なのだ」と。

私が自著を売ることも、落語家や力士の地道な稽古も、社長さんたちの日々の営業も、全て努力が積み重なって成果を生むものです。その到達点を「花火の爆発」とすると、そこにたどりつくまでのプロセスは「花火の導火線」。その細い道筋をじわじわ進むわけですから、なかなか大爆発が起きないのも当然です。

萩本欽一さんは著書の中で、「運が悪い時って、実は運がたまっている時期だ」と喝破していました。これをこの「努力は導火線」説に当てはめると、「結果が出ない日々は、次なる爆発へ向けて導火線を少しずつ進んでいる期間」ということになります。私は二つ目昇進の翌日、師匠談志に「到達点を目標にするな。日々の積み上げを目標にしろ」と言われました。萩本さんも談志も考え方は同じです。さすが、トップランナーの二人は違うと感心するのみです。

そんな先達の考え方に照らし合わせてみると、結果が出なくてイライラしたり、元気をなくすなんて、いちばんもったいない話です。

ついついマイナス感情に支配されがちなときは、子どものころに楽しんだ花火の導火線を思い出してみましょうよ。ジリジリという音と光は、必ず大きな爆発につながります。その爆発から逆算すると、「来るべき大爆発に向けて、いまこの導火線の状態（＝この努力）でいいのか」と日々の行動にもチェックが入ります。自分がしなければいけないことは、「導火線がきちんとつながっているか、湿っていないか」を怠りなく見きわめ、毎日の小さな炎を継続させていくことなのです。

「今日爆発しなかった」という事実は、明日以降のさらなる大爆発を意味します。さあ、落ち込んでいる暇はありません。まさに「どうかせん」といかんのです！（笑）

花火の上がらぬ日は
延期だと思えばいいさ
明日はきっと大丈夫さ！

「積の法則」で逆転できますよ

先日、テレビの特集番組で「睡眠負債」なる言葉を知りました。ウィキペディアによると、これはスタンフォード大学の研究者が提唱した言葉で、「睡眠不足が借金のように積み重なり、心身に悪影響を及ぼすおそれのある状態」を指すとか。いやはや、怖いですな。

そこでハタと気づきました。この言葉が怖いのは、「積《せき》の法則」が働いているからではないでしょうか。ご存じのとおり、積とは「掛け算で出る結果」のことです。

「睡眠」も「負債」も、単独なら普通に消費され、蒸発していくような言葉です。ところが、「睡眠＝必要なもの」と「負債＝怖いもの」が連結され、掛け合わされた途端、怖さが増幅します。意味合いが強烈になり、心に沈殿する――これこそ、「積の法則」です。

「いちご大福」はどうでしょう。「いちご」も「大福」も、単体では従来のイメージどおりです。ところが二つがくっつくと、いちごの酸味とあんこの甘味が掛け算された新しい味覚のイメージが生まれます。それが脳内に拡散し、妙に食べたくなる。これも「積の法則」です。

さらに話をワープさせます。「下積み」という言葉には、「積」という字が使われていま す。これは単に経験を積むというだけでなく、「積」、つまり経験を掛け合わせて結果を出すことを暗示しているのではないでしょうか。「下積みで得た経験を、絶え間なく掛け算してさらに上を目指ざせ」。そんな叱咤激励さえ感じ取れます。

さて、今の世の中を見回すと、すでに成長社会は終焉し、成熟社会が到来しているともいいます。そこではオリジナルの考え方は、おおかた出尽くしているはずです。全ての駒が出揃っているなら、あとはそれらを掛け合わせ、化学反応を起こすのみ。逆にいえば、既存のものを掛け合わせることでしか、新世界は樹立できないのかもしれません。

例えば、私は六人組のアカペラバンド「ＩＮＳＰｉ《インスピ》」さんと「アカペラ落語」という新しいパフォーマンスをやっています。これも「落語」と「アカペラソング」という異質なものを「声つながり」で掛け合わせた結果、オリジナルの世界観を生み出せた例だと思うのです。

「積の法則」は、いわば異業種コラボ。そこでは、人とうまく関われるコミュニケーション能力＝調整力が問われます。天才の「オリジナリティ」に立ち向かう凡人たちの「組み合わせ力」。そう思うと、なんだか大きな希望さえ感じますな。

大事なのは、その組み合わせが「和」ではなく、化学反応を起こす有機的な「積」になっているかを、絶えずチェックすることです。そこそこの結果で満足していれば、「和」を超えることはできません。

拙速になるのは論外ですが、目先の結果に安穏とせず、常にその先の成果を目指すことで、人はどこまでも伸びられるのではないでしょうか。「そこそこで終わる人」と「果てしない伸びしろを感じさせる人」の差は、そんな姿勢の違いから生まれると思います。まあ、ここまで来ると、もはや妄想に近いですが（笑）。

さて、さらに「積」がスゴイのが、マイナスとマイナスを掛け合わせるとプラスになるところです。

ここで自分自身に目を向けて、他人にないマイナス要素を挙げてみましょうよ。私の場合、「談志門下で九年半の前座」「テレビのレギュラー番組がない」の二つがまず挙がります。これらを掛け合わせると、こんな答えが出ます。

「九年半も前座を務める男の鈍くささは、そのまま忍耐力でもある。レギュラー番組がないために空いた時間に、その忍耐力を駆使してコツコツと文筆活動に励めば、やはりなかなか芽が出ずに悩む人たちへ、自分なりのメッセージを込めた本を届けることができる」

実際、私は今、十冊以上の本を書いています。「ダメなこと」「人に言えない要素」も、掛け合わせれば誰にも負けない財産になるのです。

他にも、世界に一人しかいない「慶應大学卒×落語家」という属性のおかげで、『Qさま!!』というクイズ番組にも呼んでいただきました。「ベンチプレス一二〇キロ×談志門下の落語家」という立ち位置のおかげで、フジテレビ系列のバラエティ番組『アウト×デラックス』に出演し、「本業より筋トレを優先する落語家」としてマツコ・デラックスさんにもイジられましたっけ。

いいでしょ、「積の法則」。ちょっとワクワクしてきませんか。とりあえず、自分を構成する要素を挙げてみましょう。これは自分を冷静に見る訓練にもなります。そうして見つけた個性をじっくりと吟味しつつ、足し算ではなく掛け算をしていくのです。そこに展開する解は、まさにあなただけの世界。「積の法則」で未知なる扉を開けましょう！

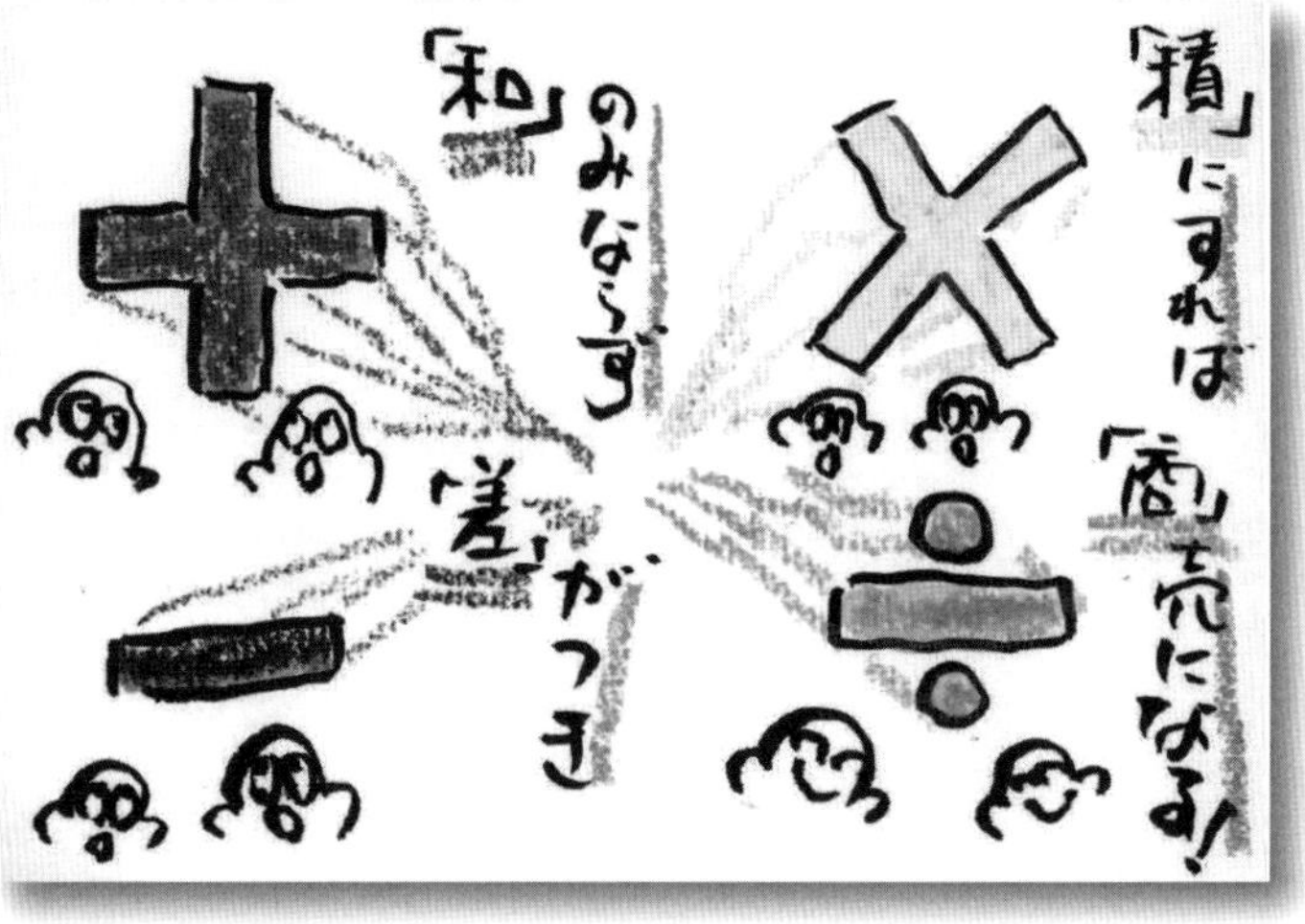
「和」のみならず「差」がつき
「積」にすれば「商」売になる!

「他者目線」こそお大事に

柄にもなく、金子みすずさんの詩が好きです。なかでも大好きなのは『大漁』という詩。「漁村ではイワシがたくさんとれて『めでたい、めでたい』とお祝いしているけれども、海の中ではお魚さんたちが何万ものイワシの弔いをやっているんだろうなあ」という、なんともいえずグッとくる詩です。優しい気分に包まれますよねえ。

ところで、「優」という字は「人偏《にんべん》に憂う」と書きます。「他人を案じ、思いやれること」を、漢字の国の人は「優しい」と評価したのでしょう。そして、そんな優しい人こそ「優れている」と読ませた点にも、これまた限りない優しさを感じます。

とある方が「優しい人が最後に勝つから優勝と呼ぶ」といいましたが、なるほど言い得て妙ですな。高校野球の決勝戦で勝ったチームは、負けたチームの身代わりでもあるという見方と通底する気がします。漢字とは本当にすごいものです。

さて、この「他人を思いやる」という行為をもっと冷静に見つめてみますと、「他者目線」

という言葉が浮かび上がってきます。金子みすずの『大漁』には、イワシ側からの目線が見事に生かされているのです。

ここで仮説を一つ。「相手側からこちらを見つめる」というスタンスは落語の本質ではないでしょうか。

落語は、会話のみで成り立つ芸能です。そこでは熊さんに八っつぁんが、小僧さんにご隠居が、与太郎に大家さんが、「お前はそういうけど、こちらはこう思うんだよ」と「他者からの目線」を提示します。登場人物が他者目線にさらされ、そのギャップから笑いが生じる。これこそ落語の醍醐味です。

江戸は、世界史上まれにみる大都市でした。そこで芽生えた落語には、狭苦しい長屋でひしめき合うように暮らす庶民の皮膚感覚が活写されています。「俺が俺が」という自分目線の生き方では到底、立ち行かなかったのでしょう。「他者ありき」の感覚で描かれた落語の世界が、町人のセーフティーネットになっていたのではとすら思えます。これは、武士階級が「講談」にその世界観を学んだのと面白い対比です。

仏教のことはよくわからない私ですが、その教えは、大いなる悟りを開いたお釈迦さまという「絶対的他者」の言葉に謙虚になるところから始まるのではないでしょうか。落語や仏教に「優しさ」を感じるのも、そんな姿勢のせいだと思います。ともに「人を憂う」

ための作法を身に付けるのが修業なら、厳しくて当然です。「こんな言動をすれば、相手はどう思うか」と一瞬でも思うことで、人は優しくなれるのです。いやはや、日々修業ですな。

最近は、私の独演会にも企業経営者のお客さまが増えました。商売は「他者ありき」。相手の気持ちを想像し、その心模様を探るには、落語を聞くのがいちばんです。

例えば、「百年目」という噺《はなし》があります。真面目一徹で通る大店の番頭が、実はかなりの遊び人だったということが花見の席の醜態で旦那に知られてしまいます。「これまでの信用が崩れ去った。クビになる」と一睡もできないほど悩む番頭に、翌日、旦那が伝えたのはいたわりの言葉と「近いうちに店をもたせる」という確約だった、という人情噺です。テーマは「許し」でしょうか。番頭が旦那を、旦那が番頭を思い合う、「他者目線」の最高傑作ともいえます。「自分が旦那を思う以上に、旦那は自分のことを深く見つめてくれていた」というのが泣かせどころです。

師匠談志は入門したての若者に、「俺を快適にしろ」と言っていました。この言葉には、談志という個人を快適にすることを通じて、その延長であるお客さん=絶対的他者を快適にせよという、深い意味が込められていたのだと改めて思います。

「他者目線」の気配りができる人は、まず異性にモテます。「こんなに俺に気を使ってくれているのか」という優しさにほだされるのが人間ですもの。さらにこれを企業に置き換えれば、「他者目線」は「顧客重視の姿勢」でもあります。相手に媚びるのではなく、むしろその後の交渉の主導権を握りつつ、物事を円満に進めるためのエチケット。そう考えれば、その大切さもリアルに感じられるのではないでしょうか。

さて、この「他者目線」、まずは家庭内から実践してみましょう。例えば、休日に奥さまを思いやってみるのです。「俺は今日が休みだけど、主婦って休みがないんだよな」という気持ちになれば、ものの五分で済むトイレ掃除ぐらい率先して実行できるはずです（現に私はやってます）。

そんな小さな積み重ねが家庭円満を生み、ひいては自分にも精神的安定をもたらして会社通いにも弾みがつきます。ただ、あまり奥さまに優しくし過ぎると、「何かあるな」と怪しまれますのでご注意を（経験者談）。何事もほどほどがベストですなあ。

"心のドローン"から
見つめてみよう

「相対化」で心のダイエット

本を出版すると、それを面白がって下さった方が講演を企画し、その講演に来て下さった方々が、落語の独演会に足を運んで下さる。そんな有難いサイクルができつつあります。まさに本は「名刺」。おかげで、いろいろな方とめぐり会うことができています。

ベストセラー作家から売れっ子芸人まで、これまで各分野で一流の方々に遭遇してきましたが、共通するのは、どの方も「謙虚」だということでしょうか。私が同じ立場だったらもっと偉そうに振る舞うのになあ、と思うことも少なくありません。

そう、一流の方々は人間的に魅力があるのです。「おしゃべりな落語家なんて、陰で何を言うかわからない。ここは外面を良くして、好感度を上げておこう」と思っているんじゃないかと性悪なことも考えてしまいますが、そんな自分がますます小さく見えるような方ばかりです。人間的魅力があるから売れたのか、売れたから人間的魅力が増したのか。おそらくその両方でしょうなあ。

その言動がエキセントリックで、立ち居振る舞いも自信に満ちていた師匠談志も、実は案外、謙虚でした。

「俺の落語論はあくまでも現時点でのものだ。俺の理論を凌駕するものがあったら、いつでももって来い」と前座にまで言い続けていました。極めつけは「俺が嫌なら、俺を超えてみろ」の発言でしょうか。謙虚でなければ言えないセリフです。

ベストセラー作家にしても売れっ子芸人にしても、あるいは師匠にしても、それぞれの世界のトップランナーは恐ろしいほど多くの作品を発表し、場数を積み重ねています。そのプロセスで、あまたの天才にも遭遇したことでしょう。そこで己の小ささを悟ってはのた打ち回り、さらなる精進を重ねてその地位を築いたのです。そもそも、謙虚にならざるを得ない境遇だともいえます。

これと真逆なのが、各種SNSやブログで散見する、発言が夜郎自大で、自己肥大したような人たちです。ツイッターやフェイスブックでも、フォロワーの少ない人ほど言葉が先鋭的なのを見れば一目瞭然です。

ここで仮説を立ててみます。前出の謙虚な人々は自らを「相対化」する人たちであり、後者の〝傲慢族〟の方々は、「絶対化」させようとしている人たちではないでしょうか。

だいたい落語家になろうなどという輩は、私も含め、「俺ならすごい落語をやってのけられる」という強い思い込み、もしくはうぬぼれをもって入門します（そんな誤解のような思いがないと、厳しい修業も耐え抜けない面があります）。師匠は「どうせこいつらは、はなはだしく思い上がった連中だ」とお見通しだったはず。言葉は凶器にもなり得ますから、「こんな若者に落語の使用権を簡単に与えるのは、いきなり刃物を手渡すようなもの。徹底的に鍛え抜こう」と思ったに違いありません。

落語界における「相対化」とは、「お前のことなんか世間は何とも思っていない」という事実を徹底して認識させることです。素人時代の「俺が、俺が」という肥大した絶対的自己が、「自分より周りに気を使え」と仕込まれることでシェイプアップされてゆく。修業はまさに「精神的ダイエット」、勘違いした落語家志望者を相対化させる手段として機能しているのです。

相対化が進むと精神のぜい肉がとれて軽くなり、世間から扱われやすくなります。「売れる」とは、おそらくそういう状態です。重苦しい人より、軽快な人を好むのは世の常ですもの。考えたらテレビの電波など、そもそも粒子レベルの軽さがないと乗れないですよねえ。

ここでふと、面白い公式を思いつきました。

相対化の指標＝自我÷場数・作品数

場数や作品数は、「発表体験」の多さを表します。落語家なら高座の数、作家なら発行部数です。それら分母の値が大きくなればなるほど相対化は進み、肥大した自我はますます軽くなっていきます。作品数が多いほど、あるいはベストセラーを出した人ほど謙虚だという因果関係が、これで数式化されます。一方、「場数や作品数が少ない人ほど、自分を絶対化する」傾向も見えてきます。

逆にいえば、分母を増やす活動を積めば、相対化、つまり売れる可能性も高まっていくというわけです。意識改革して「発表の場＝地道な経験値」を増やすことで、誰でもいっぱしの存在になれる可能性が開ける――数式という冷静なワンクッションを置くことで、未来が見えてきませんか。

何らかの分野で「売れたい」と願う人は、まず分母を増やしましょう。それには何より、さまざまな人に会うことです。「自分よりすごい人がたくさんいる」と知ることは、相対化ではなく、早くその場から帰りたくなる「早退化」も促しますが（笑）、羽ばたくチャンスは確実に広がっていくはずですよ。

相対性？
呼んだ？
アインシュタイン博士

ものの値段は「プライド料」だ！

落語やら講演やら原稿書きを生業《なりわい》としていて、いちばん困るのが「ギャラはおいくらですか」と直接聞かれることです。できればそういう生々しい話をしたくないので、マネージメント事務所に入っています。おかげでその手の苦労はだいぶ緩和されましたが、一人でやっているときは大変でした。

そりゃ、ギャラは高ければ高いほどありがたいのですが、そうなると「あの人は高い」と敬遠されて仕事が減り、精神的に参ってしまうかもしれません。逆にギャラが安いと量をこなさなくてはいけなくなり、今度は肉体的にきつくなります。どっちにしても苦しいのが、お金の話なのです。

私のような芸人のみならず、町のパン屋さんにおけるあんパンの値段、ネジ会社におけるネジの価格など、プライスを決める難しさは一緒なのかもしれませんね。お金とは、かくもセンシティブなもの。それに対して、談志はよくこう言っていました。

「ギャラはプライド料だ」

いい言葉だと思いませんか。この言葉がすごいのは、誰も傷つけないことです。「高いギャラをよこせ」とは一言もいっていません。さすが、言葉の達人です。

事務所に入ってつくづく感じたのは、私が売るのは「芸」でも「文」でもなく、ただの「時間」だということです。芸人は、誰にとっても有限な、二四時間×三六五日の時間という「器」を商う商人に過ぎません。「売れっ子」とは、常にそのキャパが足りない状態の人。狭い隙間にかろうじて仕事を成立させるため、必然的にギャラが高くなるのです。

さらにその上を行く「天才」は、そんな細切れの時間を驚くほど有効に使う人たちを指します。移動の車中で原稿を書いてしまったり、トークショーやライブをネット配信したりして、上手に稼いでしまいます。

有限性は高くとも、時間は誰にでも公平に存在します。それを切り売りするときに問われるのが、本人の存在意義、つまりプライドではないでしょうか。あり得ないことですが、仮に談志が三万円で落語の仕事を受けたなら、他の凡百の落語家は同じ金額で受けざるを得なくなります。これが「ギャラはプライド料」というゆえんです。

この「プライド料」には、お金を出す側のプライドも含まれると、たったいま気づきました。「意地でもこの人にはこれだけ払いたい」というプライドがあれば、どんな芸人でも呼べる気がしますよね。

これは無論、芸の世界に限った話ではありません。

一般企業に置き換えてみれば、「おたくの製品なら、俺はこれだけ払うよ」とお客に断言させるもの、ひいては「御社の製品ならば間違いない！」と無条件に財布を開かせる価値こそ、談志のいう「プライド料」です。つまり、プライドとは、「表現者と受信者の間の通貨」なのかもしれません。あ、いま気づきましたが、プライドとプライスってほんの一文字違いですなあ。

プライドという通貨の裏側こそ、「信用」なのでしょう。小売店に行くと、メーカーが希望する値段が「標準小売価格」として値札に表示されていたりします。これも、かようなやり取りの積み重ねが反映されたものと考えるべきでしょう。いわば、「信用に裏付けられた生産者のプライド」の表れです。

さらに見方を変えると、プライドは鋳型や版下のようなものといえます。いや、今風にいうなら、３Ｄプリンターでしょうか。そこからアウトプットされるものが、われわれの世界でいえば「芸や文」、一般企業なら「商品」です。それらはプライドの影ともいうべき存在。そう考えると、下手なものは世に出せなくなりますよね。それどころか、表現者（発信者）としてますますえりを正したくなる。これは芸人も企業も同じはずです。

発信者としてのプライドを強く意識することで、発信者と受信者、生産者と消費者が対等の立場で、正々堂々と同じ土俵に上がれます。取り立てて自信過剰になることもなければ、卑屈になる必要もありません。

そういえば先日、新潟県燕市の老舗ヤスリメーカー・柄沢ヤスリがつくる「かかとヤスリ」がテレビ番組で紹介されていました。かかとヤスリといえば、一〇〇円ショップでも買えるもの。ところが、この製品は約六〇〇〇円という値段にもかかわらず、売れているというのです。まさに信用とプライドのバランスを象徴する値付けです。すったのは「ゴマ」ではなく、「目の肥えた消費者のかかと」だったという事実がもたらした成功ともいえます（笑）。

「きちんとした仕事を、しかるべき方向に発信していれば間違いない」というプライドと、受信者たるお客さんへの「信頼」をもち続けたいものです。それにはひたすら日々の努力、それしかないのでしょうなあ。

PRIDE
¥
ギャラはプライド料!
決めるのはあなた!!

「ギャップ萌え」に勝機あり

「自慢話」「悪口」「愚痴」はなるべく口にしないで自己チェックせよ。

これ、先日読み返した徳川夢声先生の本にも書いてありました。「それが話をうまくする秘訣だ」と。談志が話の達人と定義した人ですら、この三つの扱いには難儀したようです。できればいつも、「面白いこと」を伝える存在でありたいものですな。

ところで、「面白いこと」って何でしょう。私は近ごろ、「ギャップ」ではないかと感じています。

面白いことって、笑えるギャグみたいなものばかりじゃないですよね。「面白い見方」だったり、「うまい表現」だったり、「驚くような事実」だったり。共通するのは、「意表を突く」ところかもしれません。つまりは「ギャップ」です。

タレントのベッキーさんの不倫報道がいまだに話題になるのは、ご本人が「絶対に不倫なんかしそうにないタイプ」に見えるからじゃないでしょうか。亡くなった悪役レスラーの「まだら狼」こと上田馬之助さんは、生前、私の故郷・長野は上田の福祉施設を訪れ続け、優しい笑顔を振りまいていたそうです。

師匠談志も、高座では鬼神のような芸で観客をねじ伏せる人でしたが、家庭では完全にマイホームパパでした。最初に私がいいつけられた仕事が、「このぬいぐるみ、寂しそうだから他のぬいぐるみと一緒にしておいてやってくれ」でしたっけ（笑）。一〇〇歳を超えて天寿をまっとうされたお母さん（通称「鶏の木のお母さん」）とも連絡が密で、前座時代の私のしくじりは全て電話で伝わっていました。よくお母さんから「あんた、こないだしくじったんだってねえ」と言われましたっけ。

以前、『徹子の部屋』に出た談春兄さんが「師匠は親孝行を勧めていた」と言ってましたが、弟子が家庭円満なのを心から喜んでいました。「家族つつがなく暮らせています」という一家揃っての挨拶を好み、「何よりだ」と目を細めていたものです。私が生まれたばかりの長男坊を楽屋に連れて行ったときなぞ、「お、愛嬌あるなあ。しゃべり始めると、さらにかわいくなるぞ」と、言葉の世界でしのぎを削る人らしく、小さい子にまでそんな見方をしていましたっけ。

弟子の修業は、師匠のそんなギャップに戸惑うところから始まります。芸人は、そういう日ごろの姿と芸とのギャップが、パワーにも魅力にもなるのかもしれません。

そんな「ギャップ萌え」は、笑いの分野だけではありません。先日、長野での仕事のお土産に、「イナゴの佃煮」をいただきました。カルシウムも動物性蛋白質も豊富な名物。久留米出身のカミさんも昔は嫌がっていましたが、私があまり勧めるので近頃は結構ハマっています。

考えてみたらこの佃煮、「ギャップ萌え」そのものです。だって田んぼを荒らすと嫌われる害虫（私も幼いころよく捕まえました）が、こんなにおいしく栄養満点の郷土料理、食卓の名脇役になるんですから。

これを経済から見てみましょう。原料がタダ同然のものならば、仕入れ値はゼロに近いはず。それが立派な商品に変わるとあれば、ギャップ＝利ざやにもなるわけです。

イナゴにちなんでこの論理を飛躍させれば、ギャップ＝成功へとつながります。駄菓子の「よっちゃんイカ」を世に送り出したよっちゃん食品工業の金井芳雄会長も、ともすれば捨てられるイカゲソを安く仕入れて甘辛く味付けるという「ギャップ」で会社を大きくしたといいます。

このように「ギャップ萌え」の恩恵は多岐に渡りますが、そもそも「意表を突く」ものなので、油断すればその落差にガツンとやられることにも注意しないとなりません。

だいたい、真面目な人がふざけたことをいうと面白さが倍増しますよね。そんな意外性はキャラ形成につながります。「ひふみん」こと加藤一二三さんが、わかりやすい例ですな。さらにこれを極めれば、マイナスの物事がプラスへリバースするきっかけもつかめそうです。

落語の「らくだ」は、普段気の弱いはずの屑屋の久さんが、実はかなりの酒乱で、酔っぱらって性格が入れ替わり、やくざ者のらくだの兄貴分をやりこめてしまう「インパクト」に笑いの肝があります。まさに「ギャップ」そのものです。

イナゴにしろ、よっちゃんイカにしろ、ひふみんにしろ、屑屋の久さんにしろ、共通点は「マイナスに捉えられがちな前半のイメージを、大きく逸脱した上での後半逆転」でしょうか。要は絶対値の大きさです。

ここで見方を変えてみましょう。「棄てるもの」「ダメなもの」「真面目過ぎるもの」、つまり、「日ごろ人が見向きもしないもの」にこそ、財産は眠っているのかもしれません。周りをよーく見渡してみましょう。「ギャップ萌え」は、価値観を転換させる座標軸にもなり得るのです！

ギャップ萌えといえば
この人
あしゅら男爵!
声優さんのギャラ、半分ずつだったのかな

「リカバリーショット」を決めろ！

時間は少しさかのぼりますが、平昌オリンピックでのカーリング女子「LS北見」の銅メダル、いやはや、お見事でした。若く溌剌とした女性たちがひたむきに取り組む姿に釘付けになったものです。勝敗もさることながら、集音マイクを通して響く北海道弁「そだねー」などの親しみやすさ、そして休憩時間「もぐもぐタイム」で見せる選手の素顔に触れたことも、ファン層の拡大につながっていました。

さらに、私はうがった見方をしていました。「カーリングのルールは、サラリーマン生活の悲哀そのものではないか」と。

カーリングは基本的に、ストーンという重さ二〇キロもの石を氷上に滑らせ、ガードを固めるところから始まります。これは、組織が勝つために「捨て石」が必要であることの象徴のような気がするのです。私も三年間サラリーマンをしていたので、こういう石の気持ちはよくわかります（考え過ぎでしょうか）。

さて、かようにして置かれた石は、相手チームにすれば障害物以外の何物でもありません。そこで、向こうはこのガードを崩すべく攻めてきます。相手側のストーンが当たり、なすがまま飛ばされてゆく味方のストーン。そこにはペーソスさえ漂う気がします。紙切れ一枚で単身赴任を命じられ、地方にスライドさせられるサラリーマンの生き様そのものじゃないでしょうか。

で、いざ、安らぎを求めるように単身赴任先からはるばるマイ「ホーム」にたどり着くと、「あ、ママ、パパ帰って来ちゃった」「あら、あなた帰って来たの？　これから娘とお買い物の約束なのよ。じゃ、留守番お願いね」と、妻子二人につまはじきにされる、カーリングでいうところの「ダブルテイクアウト」状態が待ち構えているところなんざ、もはや人情噺《ばなし》です。かような苦難の上に日本経済が成り立っているかと思うと、サラリーマン各位に手を合わせたくもなります。

冗談はともかくも、先日のカーリング女子の大逆転劇を見てしみじみ思ったのが、カーリングのみならず、人生は押しなべて「リカバリーショットこそが肝ではないか」ということです。そう、失敗した後のショットこそ大切なのです。

以前、『落語家直伝 うまい！授業のつくりかた』という本を出しました。これに当たりアンケートを取った結果、小学校の若い先生方の悩みで最も多かったのが、「思いどおりのペースで授業が進められない」ということでした。「思いどおりになんかコトは運ばないのにな」。五〇過ぎのやさぐれた落語家としては、そんな思いを込めて先生方に柔らかなアドバイスの真似事ができればと思って一気に書きました（おかげさまで即重版となりました！）。

全て計画どおりにいけば、リカバリーショットなぞ必要ありません。逆に全てがうまく行かないからこそ、そこに挽回の妙味も生まれます。

例えば、先日の自著のサイン会。お客さまのお名前「円山」を、「丸山」と書き間違えてしまいました。為書《ためがき》の間違ったサイン本ほど、うれしくないものはありません。そこで即座に「丸」という字に花びらを付けて、花のイラストに変換してみました。相手は年配の女性でしたが、「まあ、かえってこのほうがうれしいわ」と喜んでいただけました。

何事も計画どおりにいかないということは、古くは旧ソ連の経済破綻が物語っています。かたや日本では、昭和初期の失政と敗戦から繰り出されたリカバリーショットが戦後の高度経済成長です。人間は失敗するもの。だからこそ、失敗からどうふるまうかで全てが決まるのです。

落語は「人間の失敗を描く芸能」です。失敗を失敗としてただ落ち込んで終わったり、当事者を揶揄《やゆ》するだけに終始していたら、かような財産は残らなかったに違いありません。

「失敗を落語という作品として残そう」という意識の切り替えこそ、まさに先人による絶妙なリカバリーショット。そんな知性の基盤があるからこそ、私もいまご飯を食べさせてもらっているものと確信します。

思わぬ失敗をしてしまっても、「リカバリーショットを決めればいい」と即座に頭を切り替えましょう。自分の失敗に気が滅入らなくなるばかりか、他人の失敗もおおらかに許せます。組織なら、そんなゆとりがチームワークの強化をもたらし、チャンスを呼び込む空気も生まれるはず。さらに、劣勢を大逆転するリカバリーショットは、どんなショットより注目の的になり得ます。

前述の「丸」という字を花のイラストに変えた機転も、絵手紙を描いているという経験から飛び出した挽回の一打でした。人間、何が役に立つかわからないものですなあ。今日の失敗は、「明日へのリカバリーショット」という成功につながる。そう、大事なのは「次の一手」です！

リカバリーショット とかけて
美人コンテスト と解く
その心は
"ミス"が輝きます…。

四　ご隠居さんの巻

これからは「非効率思考」でね

本誌『Fole』の釈徹宗先生とキャスターの国谷裕子さんとの対談の中で、括目《かつもく》するセリフを発見してしまいました。

それは長くNHK『クローズアップ現代』でキャスターをされた国谷さんの「『クローズアップ現代』の二三年で最も大きな変化は、『人がコストに変わった』ということかもしれません」という言葉です。諸悪の根源というか、社会問題の原因は確かにそこにある気がします。効率重視でムダを省こうとした結果、いちばんムダに見えたのが人件費をはじめとした「ヒト」にまつわるものだった。そこを雇う側の都合に合わせて変えた結果、非正規雇用が増え、「派遣切り」などの現象も起きました。全てはつながっています。

この「効率思考」は経済のみならず、社会にも影響をもたらします。簡略化とも親和性が高いことから、「いい・悪い」の二元論へ人を誘《いざな》います。わかりやすいのが、SNSなどでの「炎上」です。「失言した著名人＝悪い人＝たたくのは正義」という短絡した考えに基づき、攻撃を仕掛けるケースが増えています。

効率を是とする風潮によって人の使う言葉が変わり、やがては思考から性格まで変わってしまうのかもしれません。決してその職業に携わる人を否定するものではありませんが、効率を追求するあまり「誰もがデイ・トレイダーになろうとしている」のが現代ではないでしょうか。それは、国谷さんのいう「人がコストに変わった」ことと合わせ鏡の現象だと確信します。

落語のマクラにこんなのがあります。「大勢の奉公人を抱えた大店の主が、もっと儲けたいと思って奉公人の数を半分に減らしてみた。すると、それでもうまくいく。さらに減らしてみたらまだ大丈夫。ならば思い切ってと、奉公人全員をクビにして夫婦だけで仕切っても、これまた経営は成り立った。じゃあとばかりに奥さんとも離縁して一人で商売を手掛けたら、それでもまだまだいけそうだと気付き、『じゃ、俺もいらないんじゃないか』と、とうとうこの主は川へ身を投げてしまった」

ブラックジョーク的なオチですが、「経済効率最優先」を突き詰めるとこうなるのでは、という予言にすら思えます。人をコスト扱いしたバチが見える気がするのです。いまごろマルクス翁は、草葉の陰で、「俺の思ったとおりじゃないか」と嘆いているかもしれませんな。

「一瞬でも儲けた奴が勝ち」という発想は、「常に儲けていないといけない」という恐怖心とワンセットです。「拝金主義」は臆病の裏返し。肩で風切るＩＴ成金の方の、テレビでの威勢の良い発言の底にそんな闇すら感じてしまうのは、私が落語家だからかもしれません。

落語家らしく落語の話をします。

『井戸の茶碗』という噺《はなし》があります。浪人宅から売りに出された仏像から五〇両が出てきて、見つけた買い主の侍は「元の持ち主に返すのが筋」と主張します。一方、売り主の浪人は「いったん自分の手から離れたものから何が出ようが、自分のものではない」と訴え、間に入った屑屋は右往左往。共に持ち付けないものは持たないという「武士の意地」の張り合いに、お客さんもときめいて聞き入ります。私は「こういう人たちがお役人なら、文書改ざんなんかしないのになあ」と現代風のクスグリを入れて笑いを取っています。

「一銭でも多く稼ごう」「対前年比を伸ばそう」という効率至上主義の世知辛さを忘れたくて、人は落語を聞きに来るのかもしれません。こんな古臭い噺に現代人がときめくのは、そんな背景がありそうです。

考えてみたら、落語家の世界って非効率そのものです。まず、儲かりません（笑）。そもそも儲けようという了見では、とても務まらない世界です。前座修業という徒弟制度の末端なぞはその象徴。食らうのは師匠からの小遣いではなく、小言です。けれど効率を追わないからこそ、きちんと人を育てるシステムになっています。前座突破に九年半という時間を要した私が、プロとして生きているのが何よりの証拠です。師匠談志には、人は「コスト」ではなく「育てるもの」だという意識があったのかもしれませんな。

効率思考は短期決戦そのもの。「人生一〇〇年時代」の現代には、そぐわないんじゃないでしょうか。

そこで提案です！

長期仕様に切り替えましょう。まずは、落語をはじめとする芸術を愛でるのです。効率とは真逆の世界観が、そこに横たわっています。やがて魂を揺さぶるコンテンツをリスペクトするようになり、「何事にも時間がかかるんだなあ」という事実を再発見することになります。そこから生まれるゆとりは、瞬間的に儲けるお金より大事なものを教えてくれるはず。コストを「越すと」ころに、新たなステージが開けます（笑）。

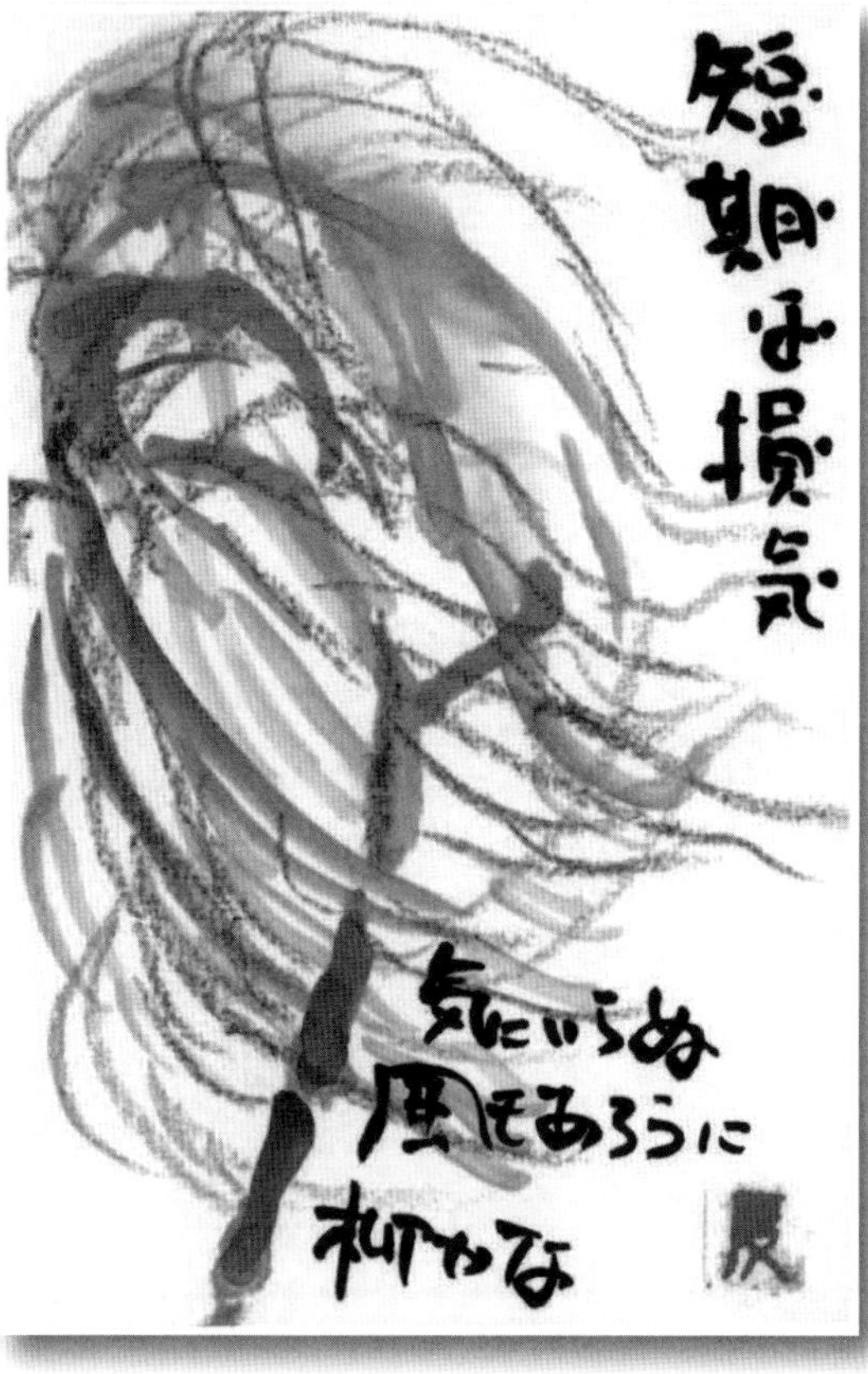
短期は損気
気にいらぬ
風もあろうに
柳かな

アドリブ力は「お客様重視」

談志は数多くの言葉を残しました。天才ゆえ、中にはかなりの誤解を伴うものもありました。「わからないのは読解力のないせいだ」とばかりに、弟子たちはそんな師匠の言葉に鍛えられたものです。

例えば「愛情は相互のエゴイズムのバランス」と定義したときは、なるほどと思いました。愛といえば「無償」「尊い」など、つい盲目的に捉えがちですが、一歩引いてエゴイズムという「自分ありき」の欲求から見つめ直すと、「もしかしたら愛情という言葉でごまかして、相手を支配しようとしていたのかも」と謙虚にもなれそうです。子育ての現場なんかでは、特に響く言葉ですな。

一方、師匠は言葉の定義付けも好きでした。中でもいちばんズシンと響いたのが、「頭の良さとは状況判断のことだ」という言葉です。

入門したばかりのころ、私は「俺を快適にしろ」としか言わない師の下で、「どうしたら師匠を喜ばせられるか」を足りない頭で必死に考え続けていました。落語会を終えた師匠が、駐車場に向かって道路を渡ろうとしたときのこと。横断歩道で手を挙げ、行き交う車をストップして師匠を誘導しようとしたのです。途端に、「わざわざ止まらせるな！車の切れ目で渡ればいいだけの話だ」と小言を食らいました。

こちらとしては「素早く駐車場へ案内する＝師匠の快適」という単純な図式に囚われていたのです。師匠の立場から見れば、「横断歩道で弟子に手を挙げさせ、車を止まらせて渡る談志」と運転する方々から見られるのが不快だったのでしょう。大げさかもしれませんが、「向こう側に渡りたいという自分の欲求を叶えるためだけに、仕事や用事を抱えて走っている車を止めるなんて申し訳ない」という心理が働いたのかもしれません。それぐらい、他人には細やかな気配りができる人でした。

さて、その後でいわれたのが、件《くだん》の「頭の良さとは状況判断のことだ」という言葉です。さらに「お前はなんでこんな些細なことでこれほど小言をいわれなきゃいけないのかと思っているだろうがな、落語はそれぐらいの気遣いがなきゃ語れないほど神経を使うものなんだ」と〝補助線的小言〟も食らいましたっけ。「落語家を目指す以上、自分の言動にはとことんセンシティブになれ」という意味だったのでしょう。

ここでいう「状況判断」とは、具体的には「アドリブ力」のことです。昨日と今日は同じではなく、今日と明日も全く別の日です。ならば日々移ろいゆく状況の中、その場その場で適切な対応を取ることこそが肝心。そう考えれば、この小言が現代のサラリーマンや経営者の皆さんにも生きるのではないでしょうか。

アドリブ力というと、バラエティ番組のひな壇芸人の言動のような、その場逃れ的なイメージも伴いますが、そうではありません。一般社会ではむしろ、目の前の出来事を最大限尊重する現場重視の態度につながります。しゃくし定規な「固い」物言いではなく、相手のキャラや場の雰囲気によって表現を変える「しなやかさ」が代表例ですな。要するに「お客様重視」の発想です。

談志は晩年、落語を全編アドリブで処理していました。繰り返し稽古を重ねて覚えたセリフをいうほうがずっと楽だし、お客さんとてそんなセリフを待ち望んでいます。それが従来の落語への向き合い方です。ところが、談志はあえてその姿勢を拒否しました。その場その場でお客さんと会話するかのように、変幻自在に落語を語ったのです。

天才ゆえの芸当ですが、われわれ一般人でも、努力しだいでそんなアドリブ力を身に付けることは可能です。最前述べた師匠への応対を含め、前座時代は箸にも棒にも掛からなかった私のようなドンくさい弟子でも、落語家としてご飯を食べているのが何よりの証拠です。

コツは、相手のことを思って徹底的に「シミュレーション」すること。アドリブ力は、それを何度も繰り返してできた「ゆとり」から生まれます。明日商談やプレゼンがあるなら、そこで発するセリフを練習するのはもちろん、「こういったら、受け手はどんな気持ちになるか」ということをつぶさに吟味してみるのです。

それには、普段の何げない会話が役立ちます。師匠は家でおかみさんから「新聞取ってくれない」と言われて、「亭主を使うほど大事なことが書いてあるのか」という見事なアドリブを放っていました（天才が毎日訓練していたのですな）。「新聞取って」「はいよ」が通常の会話なら、「はいよ」の代わりにいうのがジョークと定義していました。

ジョークもアドリブも、基本は「どうすれば相手は喜ぶか」。そう、アドリブ力を磨くには、まずはとことん毎日の会話を楽しめばいいのです。

アドリズは考え
てちゃ
いけない
のだと
考えていた。

戦略的「分相応」のススメ

O・ヘンリーの短編小説が好きです。

中学生のころ、英語のリーダーに載っていた『賢者の贈り物』がキッカケでした。あらすじはこんな感じです。貧乏なカップルがいて、夫の方は、妻が欲しがっていたべっこうの櫛を買うために大事な懐中時計を手放してしまう。妻の方は、夫が大切にしている懐中時計を吊るす鎖を手に入れるために、自慢の髪の毛を売り払ってしまう。つまり、ちぐはぐな結果になるわけですが、互いに相手を思いやる素晴らしさをしみじみと感じさせる作品で、思春期の胸が締め付けられたものです。

とはいえ、当時は生意気盛り。「事前にきちんと話し合っておけば、こんなもったいないことにはならなかったのにな」と、なんとまあふざけた感想も抱きましたっけ。将来は落語家、しかも立川談志の弟子になろうという中学生の発想ではあります。

さて、そんな草葉の陰で泣かせてしまったO・ヘンリーさんの涙を乾かすべく、先日、その素晴らしい作品群の中から『最後の一葉』を新作落語にアレンジしてみました。

　こんなストーリーです。生き物が大好きな、心優しい小学生の男の子が風邪をこじらせ、「向かいの家の壁一面に生えているツタの葉っぱが落ちてしまったら、自分もさよならだ」と思い込んでしまいます。と、ここまではほぼ原作どおりで、そこからが談慶オリジナル。日ごろ男の子に大切にされ、名前まで付けてもらったアリたちが、「僕たちがあの子を助けるために葉っぱになろう！」「俺たちは虫へんに義と書く、虫の中でもいちばん義を重んじる虫なんだ」と意気投合。ついには何百匹も集まって手をつなぎ合い、ツタの葉っぱの形をつくって男の子に生きる希望を与えるという内容です。

　この噺のオチをいった後、アカペラバンドのＩＮＳＰｉ《インスピ》さんたちが、「誰にだって居場所はあるのさ」と訴える『レギュラーポジション』という歌を歌います。そんな「アカペラ落語」での一コマで、素敵なコラボとなりました。

　この新作落語、テーマを一言でいえば「分相応」でしょうか。

「分相応」というと、一昔前の価値観みたいに響くかもしれません。「身分をわきまえておとなしくしていなさい」みたいな感じでしょうか。「お金は使うな」「貧乏に耐えろ」といった〝守り〟の印象も否めません。でも、でもです！　ここで最前の談慶作『最後の一葉』を思い浮かべながら、もう一度この言葉を吟味してみてください。「与えられた条件の中で最大限にチャレンジする」というような、攻撃的かつ戦略的な「分相応」の姿が浮かび上がってこないでしょうか。

アリたちは、決して魔法を使って葉っぱになるわけではありません。高いお金を払って、原作に登場するような老画家を雇うわけでもありません。あくまで「アリという身分をわきまえた上での戦い」に挑むところが感動の原点です。

作者として、話を飛躍させてみます。この作品が、「個々のささやかな力を結合させることで目的を達成できる」ことを訴えているとしたらどうでしょう。フィクションの世界の絵空事から、現実問題への対処法が浮かび上がってこないでしょうか。つまり、ここでいう「分相応」とは「身の丈に合った勝負を続けていくうちに必ず活路が見出せる」といった、兵法書にあるような実践的用語とも受け止められるのです。

思えば会社って、そもそもそういうものですよね。一人一人の力は弱くても、結集すればものすごいパワーになります。いや、事は会社に限りません。われわれ人類は、そんな個々人の「分相応」の総和の上に発展してきたともいえます。個々の知識が積み重なって経験となり、それが歴史へとつながっていく。歴史とは、名もなき人々の「分相応の集合体」でもあるわけです。

さて、この「分相応」の考え方、自分の中で徹底すると、他人に過度の働きを要求することもなくなります。どんな人も、できることを精一杯やればいいんですもんね。そこには、他人を思いやる優しさも生まれます。逆にいうと、ブラック企業とは、社員に「分」以上の成果を求め過ぎる会社ともいえますな。

さてさて、いかがでしょう。「分相応」を、その人の地位や収入に見合わない贅沢を戒めるような、狭い意味合いに押し込めておくのはもったいないですよね。この言葉のもつイメージを、「縁側でおとなしくしているご隠居さん」から、「健気に強敵に立ち向かいつつ、それぞれの持ち場でベストを尽くす高校球児」へ思い切って変換させてみましょうよ。平凡な毎日が、一気に感動に満ちあふれてくるはずです。

さ、ビルドアップした新しい「分相応」で、あなたの甲子園を目指しましょう！

最後の一葉
アリの思い…。
分相応
できるだけのことを
精一杯やること!!

「粋」は痩せ我慢から

コマーシャルが案外好きです。じつは自分も一度、長野県内で放送された「特定健診の受診者増加キャンペーン」のコマーシャルに出演したことがあります。一五秒という制約の中で視聴者に届くメッセージをディレクターと必死で考える経験は、日ごろ、一人で処理する落語を仕事にしている身にはとても新鮮でした。まるで、普段使ってない筋肉を使うみたいでときめいたものです。

私の大好きなコマーシャルは、だいぶ前の某洋酒メーカーのものです。友人が待つバーへ向かう男に女性が近づいてきて「病気の子どものためにお金をください」と言います。男が女性にお金を渡してバーに入ると、待っていた友人に「だまされたな。いまの人、病気の子どもがいるって言ったろ。あれ、嘘なんだ」と言われます。すると、男はこう言うのです。

「よかった。病気の子どもはいないんだ」

どうです、ズシンと響きますよね。これを見た時、「かっこいいなあ」と思ったものです。これこそ「粋《いき》だなあ」と思ったのです。

この「粋」という言葉、落語にもよく出てきます。江戸っ子が憧れる、「生き方」のお手本みたいなものといえばいいでしょうか。私は落語家としていつも「粋になりたい」「粋を旨としたい」と思っていますが、悲しいかな、それは自分が粋でない何よりの証拠です。「ダイエットしよう」と心に秘めている人が、太っているのと同じ構図ですな。

粋の真逆が「野暮」。どちらかというと自分はそちらに近いので、粋な言動にとことん憧れます。とはいえ、一筋縄でいかないのは、粋も度が過ぎると「気障《きざ》」になるところ。こうなると野暮と同類に成り下がるという、いやはや、さじ加減が難しいものです。

粋は「意気」から転じた言葉だといいます。ならば意気＝「気前」に現れるのもうなずけます。金持ちでもケチな人より、貧乏でも気前のいい人にときめくもんですよね。最前のコマーシャルでは、だまされてお金を取られた格好の男が、本当は悔しいかもしれないのに、「病気の子どもがいなかった」という事実に喜ぶ優しさそのものが粋です。

そんな粋の根底にあるのは、「痩せ我慢」でしょうか。痩せ我慢、なんだか人間らしくていいですよね。これなら目指せそうな気がします。

落語の「文七元結《ぶんしちもっとい》」では、左官の長兵衛が見ず知らずの若者の命を救うため、娘が身を売ってこしらえた五〇両という大金をその若者に与えてしまいます。あの了見なんか、痩せ我慢の究極のフォルムですな。現実にはあり得ない話だからこそ、人は心を揺さぶられるし、そんなあり得ない話を「あり得るかも」と思わせるのが芸の力なのでしょう。

最近の例でいうと、女性と二人きりになったとき、「手、縛っていい」と言わないのが痩せ我慢です。言いたくなる気持ちはわかりますが、そこはこらえて、代わりに「私は時間に縛られているんだ」とでも言えば、レイモンド・チャンドラーのセリフっぽく聞こえませんか。脳内BGMはもちろん、『男が女を愛する時』。いやはや、ベタで野暮ですな(笑)。

大事なのは、「そこで痩せ我慢ができるかどうか」。

粋になりたいと思ったら、日頃から小さな痩せ我慢を積み上げるしかないのかもしれません。それは男とか女とか、容姿や年収とも関係ありません。そんな痩せ我慢をする人はきっと誰かが見ているし、世間も放っておかないはず。誰だって「カッコいいものが好き」ですもんね。

身近な例ですみませんが、以前、「親父のどこがよかったの」とお袋に聞いたら、「付き合い始めた頃、目の不自由な人たちの団体にお金を寄付していたとわかったことかな」と答えましたっけ。実の親にこんなセンシティブな案件を聞く私がいかに野暮かという事例ですが、親父のそんな痩せ我慢のおかげで今の私があると思うと、手を合わせたくもなります。

思えば、家族のために働くことは、それ自体が痩せ我慢の連続です。めんどくさい取引先の前で、ときには床につくほど頭を下げながら業務に勤しむサラリーマンや中小企業の皆さん、めちゃハードボイルドでカッコいいっすよ。そんな人の頭上には、きっと石田ゆり子さんがほほえんでいることでしょう（ほんと、コマーシャルの見過ぎですな）。

「粋」は「痩せ我慢」から。粋な人が一人でも増えればいい会社になるし、粋な会社が一社でも増えればいい社会、いい国になると確信します。私も諦めず、粋を目指したいものですな。ところで、「痩せ我慢」の真逆の言葉は「デブ自堕落」でしょうか。だとすれば、やはり大事なのはウェイトトレーニングですな（↑オチはそこかい！）。

強情
やせ我慢の美学
けっ

人生は「リーグ戦」なのだ!

この夏の高校野球は、地元・埼玉県の地方大会からずっと集中して見ていました。長男坊の高校がベスト四に進出したこともあり、個人的にはかなり盛り上がりました。「いまピンチを救ったリリーフピッチャー、僕のクラスメイトだよ」なんて言われると、すごく親近感を覚えたものです。

高校野球の魅力は、「あのファインプレーをやったショート、角のラーメン屋さんの孫息子だって」「さっき伝令に走った背番号一五番は、友人のセガレだよ」などという選手との距離の近さにあるのかもしれません。しかも、そうやって応援した学校が負けると、今度はそこに勝った相手チームを応援するようになります。自分のひいきのチームを負かしたのだから嫌いになってもおかしくないはずなのに、この不思議な感覚も、高校野球ならではは面白さかもしれませんな。

これはきっと、負けたチームが叶えられなかった夢が、バトンとなって勝ち残った相手チームに渡されてゆくからでしょう。「野球とは生きて家に還るスポーツだ」と言った方がいましたが、奇しくもお盆の時期に最高潮に達する甲子園大会には、そんな日本人好みのセンチメンタリズムが連鎖しているように思えます。

ところで、この夏は大変な猛暑でした。テレビでニュースキャスターが「熱中症に気をつけてください」「日中は屋外での活動を控えましょう」と伝えたすぐ後で、「さて、熱戦の続く高校野球の話題です」とさらりと言ったのには笑いましたな。ま、日本人は、「大変な状況の中で頑張る人」が大好きなのかもしれません。そんな頑張りが功を奏したのが、太平洋戦争および各種災害からの復興だということは、誰もが認めるのではないでしょうか。

そうしたプラス面を噛みしめつつ、この体質のマイナス面を考えると、「毎年三万人を超える自殺者数」ではないかと感じます。この国の閉塞感が、真面目な「頑張り過ぎ体質」から生まれているとしたら残念ですよね。ピュアな高校球児の活躍に水を差すわけではありませんが、日本人には、一度負けたらおしまい的な「トーナメント感覚」が行き渡っているように思えます。いまだに企業の大半が、社員を「新卒一括」で採用していますし、某医大の入試では三浪以上の受験生が煙たがられました。「再チャレンジを支援する」と政府が声高に叫ぶこと自体、現場で「再チャレンジ」が促進されていない何よりの証拠かもしれません。

そこでお勧めは、「もうだめだ」と思い詰めてしまったとき、「自分はいまトーナメント感覚に陥っているのでは」と冷静になり、考え方を変えることです。そう、「人生はリーグ戦」と捉え直してみるのです。

人生では、負け続けることもなければ、永遠に勝ち続けることもあり得ません。正しい戦績は「勝ったり負けたり」。「おごれる人も久しからず」と世の無常を喝破した『平家物語』が語るとおり、これは八〇〇年以上も昔から伝えられてきた人間の真理です。

無論、「負けに慣れろ」などと短絡的なことをいっているのではありません。いまや人生一〇〇年時代。その長い人生を、短期的なトーナメント発想ではなく、勝ってもおごらず、負けてもそこから何かしら学ぶべきものを見つける「リーグ戦思考」で生き抜こうという、したたかな戦略提案です。

勝ち続ける人生を送ったイメージのある談志が、まさにそうでした。例えば、後輩であり、永遠のライバルでもある志ん朝師匠には真打ち昇進で抜かれています。そんな「敗北」で味わった嫉妬や悔しさを、自らの芸を高めるエネルギーに昇華させていったからこその天才です。「志ん朝が描けない世界観をつくってやる」という気概に燃えていたのは、火を見るよりも明らかでした。そうして「落語の理論化」という誰も成しえなかった領域を極め、志ん朝師匠の落語とは別世界の、人間の業にフォーカスした鮮やかな景色を展開して観客を魅了し続けました。「人生なんか七勝八敗でいい」というのは、談志の口癖でもあります。

勝ち続けることがあるとしたら、それは別の誰かを負かし続ける、ただの弱い者いじめかもしれません。「人生はリーグ戦」と腹をくくれば、勝ち負けに一喜一憂せず、超長期的思考で物事に取り組めるはず。自分を破った憎むべき相手も、「自分を成長させてくれる大切な存在」と感謝できますよね（理想ですが）。

「三浪して医大に落ちた」と悩むのをやめて、「医大がだめなら歯科大があるさ」と前向きに考えるのが「リーグ戦思考」です。歯科医師になって仕返しをする、そう、まさに人生は「敗者（歯医者）復活戦」！　落語家らしくダジャレで締めましたが、まあ、長い「リーグ戦」、じっくり行きましょう。

優しい人が勝つから『優勝』と言うんだよ。
優勝

「期待しない生き方」がいい

毎日のように、世界各国で起こる紛争のニュースに接すると、いつも心が沈みます。争いやいさかいのない世界があればいいなあ、と心から願うばかりです。

なぜそんな思いが体にみなぎるかといえば、私が二人の子どもの親だからでしょうか。いや、それよりも、地震や台風などの天災に対し、戦争は明らかに人間社会のヒューマンエラー。防ぎようのある人災だと思うせいかもしれません。

そこで、戦争のようないざこざの主因は何かと考えてみました。それは「嫉妬心」ではないでしょうか。

話を一気にさかのぼって、「関ケ原の戦い」を挙げましょう。〝天下分け目の戦い〟と呼ばれたこの戦《いくさ》、無論原因は一つではありませんが、ざっくりいえば秀吉と家康との間にできた大きな溝が理由です。それがきっかけで、やがては東西に分かれるわけですが、その始まりは、「企業の跡継ぎ問題」に置き換えるとわかりやすくなります。

まず秀吉を、一代で会社を立ち上げ、財を築いたカリスマ社長とします。その秀吉に仕えていた、優秀な番頭が家康です。カリスマ社長が亡くなる間際、その実力と功績から、家康は当然自分が二代目社長に任命されると思っていました。ところが、秀吉社長は遅くにできたわが子かわいさの余り、「せがれの秀頼に跡を譲る」と言ってしまうのです。

「なんで俺じゃないのか」

がっくり肩を落とした家康番頭の心に、消そうにも消せない嫉妬の炎が宿ったのは間違いありません。それがついには制御できなくなるほど燃え盛ったことが、あの戦の引き金じゃないでしょうか。やや強引かもしれませんが、「古今東西の争いは嫉妬から始まる」という見方は納得いただけると思います。

談志は、嫉妬をこう定義しました。

「己が努力、行動を起こさずに、対象となる人間の弱みを口であげつらって自分のレベルまで下げる行為、これを嫉妬という」

もちろん、戦国武将の嫉妬と現代人の嫉妬を同列に置くわけにはいきません。けれど嫉妬という感情の原点は、いつの世もここにある気がします。歴史から何かを学ぶとすれば、まずはこんな卑近な地点から、わが身に置き換えて想像してみることが大切だと思うのです。

では、そんな嫉妬はどうすれば抑えられるのか。いや、抑えるのは無理にしろ、少なくとも低減させることができるのでしょうか。

私は、その答えは「期待しない生き方」にあると信じます。なぜなら、ほとんどの嫉妬は「期待と現実とのギャップ」から生まれるからです。

家康は嫉妬を前向きな原動力へと変換させたからこそ、天下人にもなりました。とはいえ、それは日本史上に名を残す偉人ゆえの偉業。凡人は、不用意な嫉妬を抱かない方が明らかに身のためです。

ここでスケールを一気に小さくして（笑）、落語家のケースで考えてみます。いつも一万円のご祝儀をくださる、有難いお客さまがいたとします。そのお客さんが、ある日を境にご祝儀をよこさなくなった。すると、受け取る立場の芸人は「あれ、あの人ケチになっちゃった」などと、それまでの恩義を無視して考えてしまうものです。

もしかしたらその人は、事業に失敗して大赤字をこしらえてしまったのかもしれません。なのにご祝儀をもらえるという「期待」が当たり前になると、そんな心配りも消え、感謝すらしなくなるのです。それが悲しいかな、人間なのでしょう。

もしも最初から期待していなければ、一万円のご祝儀には感謝しかありません。してみると、「期待」はいつの間にか掛けてしまった色眼鏡みたいなものですな。そんな色眼鏡が体の一部になると、目に映る全てのものから感謝が消えてしまいます。これは非常に怖いことですよね。そんなものは身に付けないに限ります。

「期待しない生き方」というと、身もふたもないドライな生き方のように思われるかもしれません。けれど、日ごろから余計な期待を抱かないことは、「感謝体質」になるための大切な作法にも思えます。

前座時代が長引き、何をやっても評価されない時期でした。「こんなはずじゃなかった」という弟子の心を察知していたのでしょう。談志から、「どうせ曲がった人生じゃないか。流産したと思えば儲けもんだろ」と言われたことがあります。かなり乱暴な言葉ではありますが、いつの間にかあらゆる物事に勝手に期待し過ぎていた当時の自分の心には、冷水のように刺さりましたっけ。その言葉が、結果的に私の人生の軌道修正もしてくれました。

「期待しない生き方」には、「初心忘れるべからず」の意味もあります。八方ふさがりのとき、噛みしめてみる価値はあるかと思います。

期待(気体)は
ふくらみすぎると
割れちゃうよ。

「西洋的価値観」を休もうよ

巷間では「落語ブーム」とかで、ありがたいことに、呼ばれるケースも、ご来場いただくお客様も増加傾向であります。中にはまじめに一つの会社を勤め上げたようなご年配の方も大勢いらして、終わった後、律儀にお礼状までくださると、やはりうれしいものです。

先日も、そのような方からお葉書を頂きました。「談慶さんのおかげで落語が好きになりました。笑っているせいか、認知症予防にも役立っています！」わー、いいなあと思っていたら、その方から同じ内容の葉書が三枚来ました（笑）。

冗談はともかく、よくお客さまから頂くのが「落語を聞くと、なぜかほっこりする」というお言葉です。

ほんと、なぜでしょうか？

あくまでも仮説ですが、その理由は、落語はいわゆる「西洋的価値観」にさらされていないからではないかと思っています。ここでいう西洋的価値観の元は、一言でいえば「分ける」こと。「成功と失敗」「善と悪」「美と醜」「優と劣」「甲と乙」などなど、二元論的にカテゴライズするところから全てが始まります。

日本では江戸時代の終わりから国が旗振り役となり、西洋へ追いつけ追い越せと、模倣が憧憬を伴って促進されてゆきました。

「分ける」ことは、経済効率と親和性をもちます。「良いもの」と「悪いもの」に分けられたもののうち、「良いもの」がさらにふるいにかけられ、「より良いもの」を目指していきます。効率のいい判断基準が「試験」となり、その到達点が官僚システムとなって君臨し、西洋的価値観を下支えすることになりました。

「分けること」は、「わかりやすさ」とも相性がよく、割り切れる際にスッキリ感をもたらしながら、明治以降の日本を覆い尽くしていきました。試験という「分別装置」で、学校も就職も、その後の昇進もほぼ決まるのは、非常に「わかりやすい」システムです。その過程で偏差値が生まれ、大学は「分けること」の指標ともなり、そこで分別された大学生が新卒一括採用という慣習の下、企業に「効率のいい人材確保」を約束してきました。

効率性は合理性とも相性がよく、「誰もが勉強さえすれば上を目指せる」という号令は、大きな効果をもたらしました。戦時中は兵隊に取られる立場だった若い人が、戦後は「企業戦士」となります。憲法は変わっても体質は変わらず、二元論はさらに徹底されてゆきました。その結果、花開いたのが、空前絶後のバブル経済だったのではと思います。

以上ざっと、明治維新から昭和の終わりまでを眺めました。ひるがえっていまは平成大つごもり、一つの時代が終わろうとしています。

昭和に当たり前だった考え方も、崩壊しつつあります。企業戦士養成の名目で行われた部下への厳しい指導は「パワハラ」と認定され、女性社員にかつての職場の花的扱いをすれば、「セクハラ」と判断され得る世の中です。うがった見方かもしれませんが、昭和の因習を終わらせるために、平成の三〇年間が必要だったのかもしれません。

話を元に戻します。

そんなかつての企業戦士たちが落語に癒されることで成立しているのが昨今の「落語ブーム」だとしたら、もうここらへんで、落語を聞きながら、「分ける」という西洋的価値観の休息宣言をしてみたらどうでしょうか。落語を見習って、「二元論でなく一元論」をひそかに実生活に取り入れてみるのです。分けること、もっといえば「比べること」をやめてみるのです。

「善と悪」ではありません。人間はそもそも善も悪も、です。「成績のいい人間」と「成績の悪い人間」ではなく、人には成績のいいときも悪いときもあります。二元論は極論化しやすいものです。右翼とか左翼ではなく「仲良く」こそ、一元論の世界ではないでしょうか（笑）。

落語は明治以降、西洋的価値観にさらされながらも、庶民の間で風雪に耐えてきました。バカの代表格の「与太郎さん」をはじめ、傍若無人な田舎者の「権助」のような、はみ出した言動をする人間も受け入れる多様性。まさにダイバーシティを、物語の中で展開してきました。

だから、落語は誰にでも優しいのです。女性に振られたことを「失敗」と捉え、落ち込むのがこれまでの西洋的価値観でしょうが、振られた理由を面白く書いて本にすれば、それは「成功」にも「財産」にもなります。行きたいレストランが休みで他の店を探したときも、「もう一軒いいお店を見つけられた」と考えると、悪いことが良いことにつながりますよね。「良い」「悪い」を区別するのではなく、良いことも悪いことも一緒にしてしまいましょうよ。

そうなんです。二元論ではなく一元論的に受け止めてみると、全てが楽しく見えてくるはずです。

「善か悪か」ではなく
「善も悪も」

毎日が「アップデート」！

故郷が好きです。私は長野県上田市出身。「信州上田観光大使」も務めていて、落語会のマクラなどにも、さりげなく故郷の話を織り込んで宣伝に努めています。

また、「東京上田会」という、東京で頑張る上田出身者の集いにも積極的に参加させてもらっています。互いに郷土愛を増幅し合うと共に、ホームシックを分散し合う仲間という趣で、参加するたび、「もっと全国区の知名度になって故郷に恩返ししたいなあ」と思うばかりです。

さて先日、まさに「東京上田会例会」に参加してきました。久しぶりにお会いする方々と懐かしさを分かち合いつつも、最大の目的は、上田地区出身者の憧れの的である「業界のドン」、セブン＆アイ・ホールディングス名誉顧問の鈴木敏文さんによるミニ講話を聞くことでした。

鈴木さんは九〇歳近いご高齢ながら、いまだにセブンイレブンの新製品の味見をしたりして現場に発破《はっぱ》をかけているとのこと。やはり、いくつになっても周囲から必要とされることって大事なんですなあ。

いやはや、話の中身は明日にでも使えそうな金言名言だらけでした。

「幹部連中が安売り志向に流されていたから、『二〇〇円台のおにぎりをつくってみろ！』と言ったら、それがことのほかヒットした」

「ビッグデータなんて、そもそも過去の遺産にすぎない」

「コンビニで自動車を売ったって構わない」

師匠談志と似ているのは、「現場へのムチャ振り」でしょうか。「業界のカリスマ」の眼力はあくまで鋭く、無理が通れば道理引っ込むといったすごみを感じました。周囲の皆さまの大変さを想像し、限りないシンパシーを覚えた次第です（笑）。

談志と鈴木さん。共に「常識を疑え」というところが似ています。周囲が一〇〇円のおにぎりで悪戦苦闘する中、「二〇〇円のおにぎりを売れ」という発想には現場の反発も強かったでしょう。一方、どのコンビニでも似たり寄ったりのおにぎりに辟易していた消費者にとっては、選択肢が広がり、値上げというマイナス要素を差っ引いても、有り難い提案として受け入れられたわけです。

これは「前座期間を極力短くして、早く二つ目になったほうがいい」という落語界の常識を否定した談志の姿勢とかぶります。「立川流は修業が厳しい」という評判は、覚悟のないヤワな新弟子を拒否すると共に、忍耐強い弟子志望者が集うという効果をもたらしました。私の場合、「そんな大変な談志門下で修業を積んだ落語家ならば大丈夫だろう」という「誤解」が前向きな評価につながり、結果として家族を養い、家のローンも払えています。

「ビッグデータは過去の遺産」。これもすごい言葉です。低成長の現代は、データを活用したマーケティングが盛んです。データ分析は確かに大切でしょうが、ともすれば過去のしがらみに引っ張られ、現状を超越できなくなる可能性もあります。

これについては、私にも反省すべき過去がありました。

ワコール勤務時代。ＰＯＳシステムが登場してすぐの頃でしょうか、「売れ筋商品だけを集めたら、在庫管理も適正化して売上げも上がる」との思いで、ある専門店さんを説き伏せ、データに基づく売れ筋品だけを置かせてもらったのです。結果、お店から挑戦的な面白い商品が減り、売り上げも逓減《ていげん》する始末。いやあ、図らずも悲しい過去を思い出してしまいました（泣）。

談志は前例を超えることに全霊をかけた、シャレのような落語家人生を歩みました。落語家でありながら、毒舌タレントとして一世を風靡し、国会議員も務めました。そんな人ですから、私が真打ち昇進試験で雪駄《せった》をはいてタップダンスを踊る、サプライズのような「雪駄タップ」をやったときも評価してくれました。

そして両カリスマ最大の共通点。「業界に限りない可能性を感じている」ことと、「アップデートしているかを絶えず確認している」こと！

いや、業界に限りない魅力を感じているからこそ、アップデートの日々が送れるのでしょう。「コンビニで自動車を売ったって構わない」という鈴木さんの言葉は、「落語家が紅白歌合戦の司会をやったって構わない」という談志のセリフと重なります。そこには過去に囚われず、新機軸を打ち出すことへの熱い思いがあります。トップのかような熱狂は末端に伝わるもの。それを原動力に、市場は拡大するのでしょう。

こうした更新は、目に見える派手な領域に限りません。日々新製品を味見する鈴木さんと、声帯を取る寸前まで稽古を続けた談志の姿は、「何代も続く老舗の鰻屋が、現代人の口に合うよう味の微調整を続ける地道さ」につながります。日々アップデート、日々更新。やはり、カリスマの話は裏切りませんなあ。

こんな店員さんがいたら
買わないよねん?
雑誌も温めるのか、、、?
師匠…。

「偏見」なんか捨てようよ

先日の講演会の打ち合わせでのことです。

都内の小洒落たカフェで担当者さんと待ち合わせをしたのですが、前の仕事が立て込んでいたらしく、「すみませんが、一時間ほど遅れます」という電話を頂きました。若い女性から謝られるとかえって申し訳ない気持ちになり、若干鼻の下を伸ばしながら（笑）、「明日まで待っていますから」と冗談を言って負担を和らげました。結局、その方は二〇分ほどの遅れでやって来ました。

「遅くなりまして……あ!?」

「は？」

「落語家さんですよね？　お若いんですね」

「五三歳ですが」

「落語家さんというからには、てっきり白髪の着物姿のご老人かと思っていました」

その女性は落語家に「角刈りのような白髪頭で、着物を着た老人」のイメージしかなかったそうです。そういう風情の落語家に「おせえじゃねえか！」と怒られるのを覚悟して来たと聞き、大笑いしたものです。

また最近は、フェイスブックなどを通じてお仕事が成立することも少なくありません。そんな初顔合わせの際によく言われるのが、「談慶さんって、案外小柄なんですね」という一言。私は身長一六七センチですが、フェイスブックなどにアップしている「今日もベンチプレス一二〇キロから始めます」などという筋肉画像から、どうしても大柄なイメージを抱かれるようです。

これらの誤解は全く不快ではありませんが、「ああ、これも偏見なのかなあ」とふと思いました。確かに落語は「名人上手は皆ご老人。おじいさんがしゃべるもの」というイメージが強いですし、体重が有利に働くベンチプレスは、大柄な人のスポーツという印象が否めません。

かくいう私も、大柄な野球少年を見ると「ポジションはキャッチャーだな」と想像したり、小柄な子に対しては「セカンド守ってるんだろう」などと勝手に納得したりしてしまいます。さらに九州男児と聞くと、なぜか「いがくり頭」をイメージしてしまうのです（極端ですよねえ）。

こんな「偏見」、ギャグとして互いに笑い合えるレベルならいいのですが、あまりに一方的な見方が働き過ぎると差別の原因にもなります。いや、そんな大げさなものでなくとも、さまざまな可能性の扉が閉ざされてしまうという意味で、もったいないなあと思うのです。

最近、話題になったＬＧＢＴの方々についても同じです。私の友人にも何人かおられますが、皆さん、とても常識人で、至って普通の方ばかり。もしかしたら人間は知らず知らずのうちに、圧倒的に少ない情報を元に偏った考え方をしてしまうものなのかもしれません。というより、あえて少ない情報から、物事を効率よくショートカットで処理したがる生き物なのでしょう。そうやって得た見方をかたくなに守り続ける人たちが、いわゆる「既得権益」を主張するのかもしれません。

談志は、こういう人間の処理パターンのことを「思考ストップ」と言い切っていました。血液型による性格分類などは、その象徴ともいえます。「彼女はＢ型だから自分勝手な面がある」などと、人の個性や生まれ育ち、知性を無視してカテゴライズしたがりますが、もちろん、Ｂ型にもこまやかな人はいます。

極論すれば、偏見を生む思考ストップは「知性の放棄」であります。「女子学生を入試の段階で排除しようとした大学医学部」の姿勢などは、その護送船団的ふる舞いといえるかもしれません。

では、そんな偏見を打破するにはどうすればいいのでしょうか。

私はズバリ、「プチ冒険」をすることだと思います。自分が無意識に「常識」だと思っているものを疑ってみるのです。それには普段の通勤ルートを変えたり、いつもは読まないベストセラーに目を通したり、素通りしていた居酒屋に入ってみるのもお勧めです。動画サイトで、世代の違うアーティストの曲に浸るのもいいでしょう。そういう小さな冒険を楽しんでみるのです。

得てして見方を変えると、全く違う世界が展開し始めます。「高速道路を逆走する車から見れば、自分以外の全ての車が危ない運転をしているようにしか見えない」というのが人間の心理ですものね。

私が談志に弟子入りした頃は、まだまだ「落語＝古臭い」というイメージが残っていたように思います。だとすれば、いま私の独演会に来てくださるお客さまも、そんな固定観念を超える「プチ冒険」を経てきた方々なのかもしれません。手を合わせたくもなりますなあ。

まずは視点を変えてみましょう。「見方」を変える訓練を積めば、シャレのようですが「味方」も増えます。毎日が楽しくなるはずです。

長野県人はスキーが上手!!
落語家はやせている！
全部偏見よ
固定観念…
誤解…

「ハートクラッシャー」との戦い方

ハートクラッシャー。これ、私が考えた造語です。あなたの心を折ろうとしてくる人や出来事を「ハートクラッシャー」と定義すると、世の中、そんなのばっかりですよね。「いかにハートクラッシャーたちと上手にやり合うか」、極論すれば、これが人生の全てのような気もします。

私自身、心を折られそうになった経験は数え切れません。まず、「落語家になろう!」と宣言した瞬間から、ハートクラッシャーたちが数多く出現してきました。「お前がプロの落語家なんかになれるわけがない」と言う大学の先輩もいました。その方自身、落語家を目指したこともあったようなので、これはやっかみとも取れます。そういうマイナス感情由来の発言だけではありません。勤めていた会社の上司は、「サラリーマンのほうが楽だぞ」と慰留しようとしました。こちらは、親切心から出た「ハートクラッシャー案件」でもありました。

夢や目標を掲げたときに押し寄せる現実は、もしかしたら全て「ハートクラッシャー」なのかもしれません。特に日本の場合、皆が基本は生真面目な生き方を選択しているので、突拍子もないことを言い出す人に対しては、環境自体がハートクラッシャーへと変貌します。

さらに落語というライブ芸を生業にしていると、ハートクラッシャーとの遭遇は恒常的です。生の舞台では何が起きるかわかりません。今でこそ少なくなりましたが、呼ばれて行ったらカラオケ鳴り響く屋外だったり、騒々しいパーティー会場だったりして、心が折れそうになることも少なくありませんでした。

では、どうやってそういう人や出来事に対応すればいいのでしょうか。答えは、「現実としなやかに向き合うこと」だと思います。

「折れる」のは、心が「固い」からじゃないでしょうか。ならば、心を柔らかくして、しなやかに相手を受け止めてみる。一例を挙げると、落語をやっている最中に携帯電話が鳴り響くことがあります。そんなときは、落語の登場人物にその状況をそのまま言わせてみるのです。

「ご隠居さん、携帯鳴ってますよ」「まったく近頃の携帯はどこでも鳴るようにできているからなあ、八っつぁん。我慢して落語を続けような」「はい、そうしましょう」などといった具合に。携帯を鳴らされる状況は他のお客さんにも迷惑なはずなので、与えられた瞬間を柔らかく捉えてこらえてみるのです。

もちろんこれは、すぐにはできません。でも、現実に対決姿勢を取るのをやめて、なだめるように優しく接すると、糸口はつかめるはずです。それを続けると、今度は現実が味方をしてくれるように思うのです。

その最たる例を申し上げます。

つい先日、「芝浜」の口演中のこと。話は佳境、ラストの「大みそかに、女房が亭主に嘘をついていたことを述懐する」というクライマックスの場面です。お客さんが固唾《かたず》を飲んで見守る中、なんと会場の外から、「火の用心〜」という拍子木の音が聞こえてきたのです。

まさに天の配剤でした。本来「水墨画」であるはずの落語が、一カ所だけ彩られた形です。それは外部の雑音ではなく、落語のための効果音に聞こえました。お客さんも同じように感じたらしく、演者と観客が何ともいえない一体感を分かち合ったのです。これぞライブという手ごたえを覚えたひとときでした。

「現実としなやかに向き合う」という積み重ねが、結果として現実を敵から味方に変えた、余禄のような瞬間だったのかもしれません。

「折れる、折れない」という発想は、ケンカ腰姿勢から生まれるもの。その先は「折ったほうが強くて、折られたほうが弱い」という価値観に帰結するだけです。勝ち負け重視の「ケンカ腰」ではなく、引き分け狙いの「仲良し腰」で遊んでみたらいかがでしょうか。

現実はあくまで理不尽です。そんな不合理で矛盾だらけの現実と仲良くしようとふるまい続ける努力は、必ず誰かの目に留まります。人は頑張っている人を応援したくなるもの。それを信じてみましょうよ。

そう、ハートクラッシャーはいつまでもハートクラッシャーでいるわけではありません。上手に取り込み、うまく距離を取るうちに、もしかしたら「ハートウォーマー」に変化するかもしれないのです。

出版不況が叫ばれて久しい中、私も一〇冊以上の本を出せています。なかなか売れないという現実はありますが、せめて書店を訪れたお客さんが微笑むような「手描きＰＯＰ」を手づくりし、本屋さんに配っています。尊敬するコメディアン、故前田隣《りん》先生にこう言われましたっけ。「談慶君、俺たち芸人はさ、笑わせちゃえば、敵も味方になっちまうんだぜ」改めて肝に銘じます。

まあるい心は折れにくい。
こころころころまんまるく。

「見切り発車」で行こう！

躍動感のあふれる人や物やことが好きです。映画なら『ダイ・ハード』や『ジュラシック・パーク』、小説ではつかこうへい作品、そして落語では、やはり師匠談志でしょうか。野球を見ていても、一発で得点できてしまうホームランより、ヒットエンドランが決まったときの躍動感にときめきます。

これらに共通するのは、「見切り発車」でしょうか。いい映画にしろ、面白い小説にしろ、主人公がいち早く動き出します。ヒットエンドランなんかは、「見切り発車」以外の何物でもありません。「次にバッターがヒットを打つ」という前提で、ランナーが先の塁を目指して走り始める行為によって、試合展開に一気にスピード感がみなぎってくるものです。

ヒットエンドランはいまや当たり前ですが、調べたところ、限りなく野球の創成期に近い一九世紀の終わりごろには、対戦チームの監督から猛抗議を受けたそうです。ヒットエンドランには、打球がフライになった際、ダブルプレーが誘発されやすいなどのデメリットもありますが、ゴロさえ打てば、打者は凡打でも走者が進塁しやすくなるというメリットは見逃せません。いずれにしても、プラス、マイナス両面あるこの戦法がなかったら、野球は今よりずっと退屈だったはずです。

ここでふと気付きました。時代を変えるのは、「見切り発車」ではないかと。

思考を一気に、江戸時代にヒットエンドランさせてみましょう。徳川家康が江戸に幕府を開いたのは、一六〇三年です。そして、豊臣側を滅ぼしたのが一五年の大坂夏の陣。以降、徳川家は盤石なる政権体制を維持してゆきますが、家康のこの動きを逆から見ると、まさに「見切り発車」といえないでしょうか。

私は歴史の専門家ではなく、ただの落語家ですが、政権が安定してから幕府を開くのではなく、「まずは幕府を開き、おいおいその安定を目指していった」としか見えない家康の行為の裏には、「見切り発車」的発想があったと確信します。目標をゴールではなく、スタート地点に置いてしまうくらいの改革者でなければ、歴史を変えることなどできないのかもしれませんなあ。

ふり返れば、談志の発明品である「落語立川流」も、「見切り発車」の産物といえます。まずは「自分が家元を名乗ってしまう」ところから、全てが始まったのです。このあたり、談志の薫陶を受けているビートたけしさんが好きだという、「見る前に跳べ」という言葉にもつながります。

いや、立川流のみならず、落語家への弟子入りというシステム自体、「見切り発車」なのかもしれません。入門試験などを設けて、希望者の適正を審査するシステムは落語界にはありません。いきなり弟子入りさせて、前座という末端の身分から「見切り発車」させてしまうのです。そうして、師匠や先輩方の小言に始まるさまざまなしつけを受けながら、じわじわと落語家らしくなっていく。よくできた制度ではないでしょうか。

話をさらに飛躍させますと、今の世の中に停滞感が漂うのは、誰もが安全運転を心掛けて「見切り発車」をしなくなったことで、躍動感が失われたせいかもしれません。あらかじめガイドブックを見て決めた場所に行く旅も楽しいかもしれませんが、ともすればそれは「事前に調べたことを確認するだけの行為」だけで終わってしまいますものね。

ヒットエンドランにしろ、落語家の弟子入りにしろ、「相手の次なる行動」を信じるところから始まるのが、「見切り発車」の魅力です。そこで前提となるのは、「バッターが確実にゴロ性の打球を打つ」「弟子がきちんと前座修行をこなす」といった信頼関係です。「見切り発車」のベースに「自分がこうふるまえば、相手はこう返してくれる」という相互信頼があったとは、書いていて、なんだかひょうたんから駒のような気がしてきました。いつの世も、「人を信じる」って素敵なことですもんね。

自分だけを信じていればケガも少なくて済むでしょうが、常に杓子定規《しゃくしじょうぎ》的に送りバントをするだけでは、新しい展開は望めません。ときには失敗覚悟で相手の行為を信じ、「ヒットエンドラン的見切り発車」をすることも必要じゃないでしょうか。誰もが小賢しく、利口になりたがる風潮の中でこそ、そんな勇気が大切に思えます。

そういえば、私は『デキる人はゲンを担ぐ』というタイトルの本を出しています。これも、「談慶さんの意向以前に、もう当社では企画を通してしまいましたから」という、ある女性編集者からの「見切り発車」メールがきっかけでした。この言葉に触発され、こちらも周囲に「ゲン担ぎの本を出します」と宣言してしまったことで、新しい本が生まれたのです。

見切り発車には見切り乗車を！　世の中、動かしてゆきましょう！

Take the A-train!
見切り発車で
行こう!!
ジャズのように
しなやかに
アドリブで…。

「金持ち」より「デリカシー持ち」

高校生にもなった次男坊と、たくさん話すようになりました。一〇代とはいえ、ロジカルな話の運びといい、話題のセレクトといい、もう完全なる大人です。夕食のひととき、有意義な話し合いになるのがとても楽しく、私がキャバクラなどに行かない理由はこれだなあと思います（笑）。

長男坊が生まれたばかりのころでしたか、師匠にあいさつに行くと、「子どもはな、しゃべり始めがいちばんかわいいぞ」と言われました。師匠の生きた道程と照らし合わせて、そのセリフを改めてかみしめてみると、何より「対話」を重視した立川談志という人の姿が浮かび上がってくるようです。

対話の醍醐味《だいごみ》は、自分の考えを主張したり、相手を説き伏せたりするような一方的なベクトルにあるのではありません。相手との思考コラボの結果、階乗的に中身が飛躍し、予想もつかないような展開になる「楽しさ」にこそあるはずです。小さな子のおしゃべりにまでそんな面白さを見出そうとするなんて、やはり言葉の世界で天下を取った天才だなあと感じ入る次第です。前座の自分にまで、「俺の理論を凌駕《りょうが》するものをもって来てみろ」と言っていたのは、対話のもつ可能性を信じていたからでしょう。やはりすごい人でした。

とまれ、近ごろの高校生は大人顔負けというか、大人以上の感受性で切り込んできます。先日は、「パパ、ＩＱって何だろう。高いと頭がいいの？」と聞かれました。私が最近こだわっている「真の頭の良さってデリカシーではないか」という仮説から、これまた談志のセリフのパクリでもある「頭の良さとは状況判断ができることをいうんだ」をつなげて、以下、次男坊に自らの考えを披露しました。

「例えば、修学旅行のバスの中で、隣の女の子が車酔いで吐きそうな雰囲気になったとき、『先生！　ビニール袋！』って大声を出すと、みんなから注目されてその子も傷つくだろ？だから、先生にこっそり、『ゴミを集めますので、袋もらえますか』と言って、それをそっと渡すようなことを『状況判断』というんだ。これはＩＱや偏差値なんかとは、ぜんぜん関係ない。普段の訓練で鍛えられるものなんだ。これこそ、いちばんの頭の良さ。パパはそういう細かいところを、師匠に鍛えてもらったんだ」

振り返れば、自分は師匠にそういう対応ができずに前座を長引かせてしまいました。でも、われながらいい説明ではなかったかと、デリカシーもなく悦に入りました（笑）。

デリカシーのある対応をされると、人はうれしいものです。デリカシーとは、「あなたを大切に思っています」というメッセージそのものですもの。

落語会で携帯電話を鳴らさないよう、開演前にチェックしてくださるのはお客さまのデリカシーです。一方、お金と時間という大切なものを注いで下さるお客さまに、稽古を重ねたいい落語をお届けしようとする姿勢は、落語家のデリカシー。そう思えば、落語会とはデリカシーという「仮想通貨」のやりとりの場でもあります。どちらかが一方的に負担を抱えるような間柄ではないところが、素敵ですよね。いい落語会が、お客さまのみならず、演者も幸せにしてくれるのはそのためでしょう。

これは無論、落語会に限った話ではありません。生産者と消費者、お店とお客、双方が向き合う現場全てにいえることだと思います。

そんなデリカシー交流装置である落語が生まれた江戸も、デリカシーの溢れた町だったのでしょう。薄い壁で仕切られた長屋では、隣の痴話げんかも聞こえたでしょうし、銭湯では全員丸裸です。そこで生まれたのが「聞こえるのに聞こえないフリをし、見えるけど見えないフリをする」という高度なエチケットです。

そうした細やかな応酬が江戸っ子のデリケート気質を根付かせ、結果として、口調と顔の表情だけで話を展開させる落語という芸を進化させました。「落語を聞くと、人の気持ちが理解できるようになる」というのは、落語自体が高度なデリカシーをもたなければ把握できない、デリケートな芸能だからでしょう。

ＩＱはあくまで個人の資質を評価する指標に過ぎませんが、デリカシーは、より社会的な他者と向き合うための才覚であると思います。そしてそれは、「失敗」という貴重な経験によって、後天的に身に付けられるものだと確信します。

「もしかしたら、自分の言動で傷つく人がいるかもしれない」と一瞬思うだけでも、デリカシーはじわじわと身体にしみ込んできます。こういうと世知辛さや窮屈さを感じる方もいるかもしれませんが、より高次元の楽しさを切り開くための基準設定とわきまえたほうが、芸人としてのレベルも上がりそうです。目指すは、「お金持ち」より「デリカシー持ち」。自戒を込めて、また次回（笑）。

『言葉は贈り物』
だと思うことが
デリカシーへの
第一歩!

特別対談

落語は人生の「集合知」

釈徹宗×立川談慶

釈 徹宗（しゃく・てっしゅう）

1961年生まれ。宗教学者・浄土真宗本願寺派如来寺住職、相愛大学人文学部教授、特定非営利活動法人リライフ代表。専攻は宗教思想・人間学。『不干斎ハビアン――神も仏も棄てた宗教者』（新潮選書）、『法然親鸞一遍』（新潮新書）、『死では終わらない物語について書こうと思う』（文藝春秋）、『お世話され上手』（ミシマ社）、『落語に花咲く仏教――宗教と芸能は共振する』（朝日選書）、『異教の隣人』（晶文社）など著書多数。

修業とは自分が相対化される行為

釈　談慶師匠の原稿、連載のときから読ませていただいていましたが、こうしてまとまった形で読むと、あらためておもしろかったですね。やっぱり師匠は、言葉のセレクションというか、言葉のもてあそび方がうまいなという感じがします。「あ、この言葉だから届くんだな」というふうに思うところが多々ありました。

談慶　うれしいです。ありがとうございます。

釈　ちょっと書き出してきました。サディズム／マゾヒズムのS／Mじゃなくて、二つを包括するLでいきましょうとか。修業は不合理だけど、不公平じゃないとか。トーナメント感覚じゃなくてリーグ戦志向でとか。あと翻訳力とか、たとえ上手とか、感謝体質とか、この言葉を使うから届くんだって思わせるものがある。お話の趣旨だけだとある程度のところまでしか届かないのが、この言葉を使うことによってもう一歩先まで響くものになるという、言葉の力をすごく感じました。あと、談慶師匠の文章って、けっこう辛口で言うわりには誰も傷つけないところが魅力ですよね。

談慶　わー、褒められてばかり。うれしいです。

釈　やっぱり噺家さんって先人の知恵を受け継ぐお仕事でもあるので、自分が受け継いだ先人の知恵を、うまく言葉を使って翻訳して、読者の皆さんに当てはまるように伝える、そんなエッセイだという感じがしました。おもしろかったですよ、ほんとに。

談慶　ありがとうございます。お笑い芸人さんの文章もおもしろいし、落語家の先輩方が出している本を読んでもおもしろい。なんでおもしろいのかと思ったら、修業というのは自分が相対化される行為ですよね。おまえなんかの言うことはどうでもいいんだ、みたいなことをまず突きつけられて、自分が絶対的なもんじゃないということを自覚する行為なわけです。そうすると、使う言葉に対する謙虚さというか、この言葉を使ったら、相手はどう思うかなということを常に考えるようになるんです。立川談志という強烈なキャラクターに、こんな言葉を使ったらおこられたという経験がすごくあるんで、たぶんそのへんの言葉のセレクトのしかたが、先生おっしゃるような形になってるのかなと今振り返って思うんですよね。

釈　やっぱり師匠と弟子という形で続くものは、弟子が一回自分というものをボッキリ折られないと伸びないというか、そこから先に行けないところがありますね。

談慶　おっしゃる通りです。

釈　例えば伝統的なものの強さとは、型があることの強さですよね。少なくともこの型を身につければ、そこそこ世に通用するというものをずっと伝承してるわけです。だから逆に言うといったんは型に自分をはめないといけない。

談慶　鋳型ですね。

釈　だから自分というものが折られないとなかなか型には入れない。でも、型にはめればはめるほど、それでも出てくる自分ってありますよね。それがまさに個性ということなんでしょう。やっぱり上手な指導者は、型にはめてなおかつ出てくる個性をまたつかまえて折るということをしますからね。何度も折られながら型を身につけて、そこからその人なりの妙味が出てくる。ここがやっぱり伝統的なものの道という感じで、だからこそ長く続くということもあるでしょう。

談慶　そうです。長く続けるということはずっと考えていたことで、だから修業のおかげでロングセラー体質に切り替えてくれたのかな、みたいな感じです。今、例えば吉本とかの養成所上がりの芸人さんというのは、もう100メートル走みたいなもので瞬発力で短期決戦じゃないですか。僕らはそうじゃなくてロングセラー体質。「個性は迷惑だ」って談志がガツンと言った言葉に集約されるんですけれども、言いたかったのは「焦るな」ということでしょうね。「おまえら、どうせ一生やるんだろ」みたいなことを言われたんですよ。一生やるということは長く考えろということだと、談志はあの修業の中で教えてくれたのかなと思うんです。だからこそ長続きして、50半ばぐらいから本当に調子が出てきた、みたいな状態になったのは、そこに要因があるのかなと思うんですよね。

自分の小ささを知って謙虚になる

談慶　先生も本でよくお書きになってますけれども、仏教と落語ってほとんど一緒ですよね。兄弟みたいな感じ、表裏みたいな感じです。私も先生の言葉のセレクトのしかたを見てて、やっぱり受信者を信じてるというか、この言葉を使えば向こうはこう来るだろうな、みたいなメタ認知が働いてると感じます。

釈　今回の本にも出てくるメタ認知のお話で言うと、もうとっくに亡くなっておられるのに常に師匠の目を意識しながら活動されてるというのは、まさにメタ認知そのものですよね。僕ね、師匠が最近出された『談志語辞典』を読んだときに、どうしてこんなたくさんネタがあるんだろうと思って不思議だったんです。で、今回、読んでみてちょっと謎が解けました。ひとつにはメモをずっと取っていたというのがおありのようですね。そして、もう一つ、9年半もの前座という、普通であれば挫折してもおかしくないような時期があったからこそ、あれだけ談志師匠の言葉とかエピソードを自分の中に蓄積できたんだと思うんですよね。その間に談慶師匠はメタ認知をすごく鍛えられて、だからいかに自分がいい高座を務めようとも、それがいい高座であればあるほどどこかで「俺のほうがもっと上だ」っていう談志師匠の声が聞こえてくる。そのメタ認知があるからこそ、やっぱり先ほど言ったような辛口であっても傷つけないような文章を書けるんだと思うんです。

ちょっと僕も似たところがあって、いろいろ社会活動とか、ＮＰＯ活動とかするんですけれども、いつも自分が歩んできた仏教の教えがささやいてくるんですね。自分でいいことしたって思ったときほど、「それ結局自分の都合でしょ」とか、横からささやいてくるんですよ（笑）。だからこそ続けられるというのがある。自分が本当にいいことをやってる気分だとあんまりいいものにならないですし、だんだん道からそれていくんです。「それは結局自分の都合でしょ」というようなことを、いつも仏教の教えが横からささやいてくるんで、この活動を続けられるという実感があります。それも師匠が何度かおっしゃるメタ認知ということかなあというふうに思ったりしました。

談慶　日本人というのはもともとそういうものが備わっていたのかな。世間様とか、他人様みたいに、世間に様をつけるような国民ってほかにないですよね。それを考えると、おっしゃったように世間の目がまずメタ認知なんだと思います。これってもしかしたら我々の祖先たちが持っていた感受性なのかもしれなくて、だからそれをたどることだけすれば、今皆さんが抱いてる悩みとかももっと楽になるんじゃないか。そんなことを考えて、今回の本も書いたところがあります。やっぱり第三者の目が大事で、私にとっては談志という強烈な目があったり、お寺のほうではお釈迦様のような強烈すぎる絶対的他者がいたりして、そこで自分というものの小ささを悟って謙虚になる。そういうルートをたどるという意味では、お寺さんも落語家も一緒ですよね。

釈　両方ともある道筋をずっと歩んできたからこそ生まれてくる感覚でもあるでしょうし、習い性になって、もう頭で作り上げたものじゃなくて、ある種肌感覚になってるようなところもあると思います。師匠も書いておられますが、落語というのは著作権を誰も主張しない、コピーライツフリーの世界なんですよね。だから誰もが活用できる。これぞ落語が、アップダウンはあったとしてもずっと途切れずに続いてる秘密の一つかなと思うんですよね。落語っていわば集合知なんです。みんなが上書きして、そしてみんなが共有している。噺家さんって不思議なお仕事で、例えばものすごく売れてるネタがあるとしますよね。そこで、私も覚えたいんでそれ教えてくださいと言ったら、誰も断らなくて、みんな教えますよね。考えてみたら商売がたきを増やしてるようなものじゃないですか。自分の得意ネタをほかの人がやれば、それだけダメージを受けるのに、誰もそんなこと損だと思わずに必ず、しかも無料で教える（笑）。

人の枠組みを揺さぶる仕事

釈　先ほどから師匠から、仏道と落語は似たところがありますよというお話をいただいてますけれども、そう考えると、芸能者、宗教者、あるいはアーティストで共通しているところは、目の前にいる人の枠組みを揺さぶる仕事ということですよね。あなたが持っている、これが当たり前と思ってるような枠組みを揺さぶってこそ芸能者でしょうし、宗教者だっていうふうに。そういう意味でアーティストもそうだと思います。べつに芸能民がいなくても、宗教者がいなくても、アーティストがいなくても、社会というのは成り立つような気がしますし、日常生活にものすごく必要かというと必要じゃない気がするんです。けれどもこの人たちがやってきて、枠組みを揺さぶるからこそ、新しい芽が吹き出すことがある。日常って、揺れないと輝かないですよね。揺さぶられてこそ日常がもう一度輝きを取り戻すというところもありますので、その点では我々似たような仕事をしてるという気がします。

談慶 似てますね。目の前の人を揺さぶって、ときめかせるのが仕事ですから。そういうことで言うと、お笑い芸人と、本堂でお説教する和尚さんと、ミュージシャンも、あとスポーツ選手もそうですよね。僕らはライブを積み重ねているということで言うと、日蓮聖人にしてもみんな説法上手で、しゃべりでその地位を築いたという意味ではまったく一緒ですよね。

オチがよければすべてよしの「オチ」とは？

釈 師匠は落語のオチの心地よさをよくおっしゃっておられますね。話がオチるからこそ落語の魅力はいつの世にもあるんだと。今回の本のタイトルもそうですすよね。

談慶　いいタイトルですよ、これ。

釈　オチがよければすべてよしというときの「オチ」とは、人生の最後、ご臨終のイメージもありますね。たしかに臨終は一つの人生のオチであり、そのときになって初めて自分の人生の意味が解き明かされるということはあるような気がします。推理小説の最後のページみたいなものじゃないですか。

談慶　読後感ですね。

釈　ええ。ですから、臨終のときを迎えて初めて、俺の人生はこうだったのかと謎が解決する。逆に言えば、オチから人生を眺めると、自分の人生の見え方も変わってくるかもしれません。死を通して自分の人生を見る、明日もし死ぬとしたら自分は今日何をするんだろうっていうふうに考える。

談慶　逆から考える。

釈　オチから考えると人生の意味が変わってくるかもしれないですし、普段大事と思っているものがつまらなく見えるかもしれないですし、思ってもいなかったものが立ち上がるかもしれない。そんなふうに考えると、この「オチがよければすべてよし」というフレーズも味わい深いような気がします。

談慶　ほんといいタイトルをつけていただいた。うれしいです。

釈　いわば人生という道をずーっと緊張感を持ちながら歩んできたのが、最後オチがついてやっと解放されるというようなところもある。

談慶　オチは解放なんですね。

釈　解放ですよね。だから落語に代官とか、お医者さんとか、あるいはお坊さんとかがよく出てくるのは、やっぱりそれらはある種の緊張感を持たせる仕事の人だからなんですよね。その人たちが出るだけで、ある種の緊張感が生まれるんです。だからこそオチが解放につながる。そういう人たちも笑いものにするという破壊力が落語にはある。あらゆる権威を笑いますし、権威が持ってる緊張感も解体するでしょう。

物語を脱臼させるのが芸能

釈　こんな小話があるんですよ。お医者さんに患者さんが「先生、検査の結果どうだったんですか」って聞いたら、お医者さんがそのカルテを見ながら「うーん、ちょっと言いにくいなあ」って言うんですよね。「えーっ、そうですか、やっぱり。覚悟はしてますので、ぜひ言ってください」「そう言われても言いにくいなあ」「先生、私大丈夫ですから、ぜひはっきり言ってください」「うーん、こつしょ、しょうしょう。こつそ、しょうしょう。骨粗しょう症……言いにくいなあ」っていう小話（笑）。

談慶　緊張と緩和ですね。ああ、いい話だ。

釈　お医者さんという緊張感をもたらす人を主人公として、言いにくいっていうので緊張感が高まって、それで解放するという、これはある種の物語の脱臼なんですよね。

談慶　おおっ、関節外しだ。

釈　物語を脱臼させるんです。物語がすごく大事だというのは本当にその通りで、僕は宗教もある種の物語に身をゆだねる行為というふうに考えてるんですけれども、その物語さえも脱臼させるのが芸能の本領なんですよね。宗教というのは、下手をするとすごい近視眼的になる。ほかが見えなくなって排他的になったりする。でも、それを芸能が脱臼させるんで、宗教と芸能の両輪を動かすってものすごい大事なことなんですよね。

笑ってこそ芸能の破壊力だっていうふうに思いますし、考えてみたら宗教を笑ったりするのは、やっぱり成熟した宗教性とか高い文化力がないと成り立たないんです。原理主義者って、宗教を笑えないんですから。そういう意味では宗教を笑えるというのは大変いい状況で、戦時中の日本みたいに不謹慎だと言われちゃうような事態は繰り返しちゃいけない。

談慶　フェイスブックとかツイッターで毒舌書いて、ふざけるなって反論来たら、落語家にまじめなこと求めるなって言いたい。俺たちはふざけるのが仕事なんだって（笑）。

釈　そうなんです。だからそういう人たちは、全然笑えない人たちなんですよね。

談慶　今はほんとにツッコミ社会に生きている気がして。ツッコミのほうが楽なんですよ。要するに正論を言ってるだけのほうが、誰にも文句言われないし安全である。ボケは冒険なんですよね。とある進学校で、進路指導のあと落語やってくれって頼まれて、公演をやったんです。息子さんが東大に行きたいとか言ったら、「おまえの成績で行けるわけないじゃないか」というのは一番つまんないツッコミなわけですよね。だったら、東大行きたいというボケに対して、さらにボケて「だったらおまえ、ハーバード行けよ。父ちゃん行き方わかんねえけどな」、みたいな言い方すれば、その子はもっと芽が伸びていくんじゃないかって話をしたんです。ボケにはボケたほうがいいみたいな。

今本当にまじめな社会で、特に日本という国はまじめな人たちが集まってますんでね。まじめに生きて、ここまでつないで来た人たちの、その通底する部分は肯定したいんですけども、ちょっと今それがなんか行き過ぎちゃってる気がするんです。ボケが許されないみたいな雰囲気。ボケ受難の時代ですよね。ボケはある面解放なんです。

ニッチで生きていけるのが豊かな社会

釈　こうして師匠の書かれているものをまとめて読ませていただくと、内容は効率的でもなければ合理的でもなく、それよりも「別枠」を提示していることがわかります。別枠を提示されると人間救われますので。

談慶　たとえば今のビジネス書というのは、効率とか近道優先で、最短距離ばっかり誘導するけれど、そうじゃないところに面白みがあるというところをどこかで見つけてほしい気がします。自分がそういう道を歩んできたので、そんな提案をこれからも続けたいなと思うんですね。私の本は、ビジネス書を読んで疲れた人が好む本だというふうによく言われて、ああ、なるほどと思いました。釈先生にも、そういう同じ匂いを感じているんですよね。もっとフランクに構えれば楽になるのに、見方を変えるだけでこんなに世の中もっとくつろげるのにと。

釈　師匠もお書きになってますけれども、かつてに比べて仕事の職種って10分の1ぐらいになっている。自営業が減って、会社勤めという同じような形態の仕事になっている。人口の大半が会社勤めみたいな社会というのは、人類が今まで経験したことのない社会だと思います。落語には本当にニッチな職業がいっぱい出てくる。坂の下にじーっと待ってて、背中押す人とか出てきますからね。

談慶　出てきます。私も老後やりたい仕事が、エスカレーターの手すり拭きなんですよ。この間見ていて、あれいいなあと思って。今度やるとしたらこういう仕事しようと。

釈　本当はそうやってニッチなことをやりながら生きていける社会のほうが豊かですよね。

談慶　豊かですよ。だから本当に今世知辛くて。例えば公的支援というか、生活保護を受けてる人はよくないみたいなことを言うけど、自分がそっちに行っちゃったときに面倒見てもらうという気持ちになれば、そんなに否定できないですよね。なんかそこに想像力が働いてないみたいな。

釈　なんなんでしょう、あのメンタリティというのは。みんな一斉に叩きはじめますね。あんなことして、自分が正義の側にまわってる気分になるんですかね。いったんこの人は叩いてもいいってなったら、全員で叩くというのは。

談慶　沢尻エリカさんにしても何にしても、社会的にしくじった人とか、要するにお上が公認与えた犯罪者ですよというと、いっせいにわっと来るみたいな。

釈　もうそんな社会だと与太郎は生きていけないんですよ。与太郎なんかもうバッシングの嵐になるような人です。

下から目線で世界は変わる

談慶　この右へならえが好きになっちゃったみたいな感じは、特に最近ですよね。もっと意見のバリエーションがあったはずなのに。

釈　もう感情的なコメントのほうがウケがいいというか、専門的になればなるほどはっきりしたことは言えないということが必ず出てくるんですよね。専門的に考えたら、一概には言えないことがあるわけですが、そういうのが受け入れられなくて、白黒つける形で感情的に叩かないとだめみたいなことになってるんでしょうね。

談慶　だから志の輔師匠がいつも言ってたんです。イエス・オア・ノーだったら、日本人はオアをとるって。

釈　名言ですね。

談慶　名言です。でも、それも今イエスかノーかになっちゃってますもんね。

釈　さっきの、仕事はニッチなもののほうが豊かだっていう話ですけども、やっぱり今の我々の仕事の流れからすると、会社に人生のほとんどを持っていかれるわけですよね。自分の人生ほとんどを捧げて仕事をしているにもかかわらず、自分の仕事が社会とどうつながってるかさっぱりわからないという、このしんどさはあると思うんですよ。でも、ニッチなものってわりとそれが敏感にわかりますよね。自分がやってることがすなわち社会とどうつながってるか、露骨にわかるようなところがある。それが、大きな企業に勤めれば勤めるほど、人生を全部持っていかれているにもかかわらず、社会への手ごたえがない。そういうしんどさはあると思うんですよね。

談慶　すごいパラドックスですよね。快適にしよう、快適にしようという形で世の中進んできたはずなのに、働いてる末端の人は不快にしか思えないみたいな。

釈　そういうつらさとか、しんどさを抱えてる人が師匠の本を読むと、現実の問題は何か解決したわけじゃないんだけれども、ちょっと別の方向から物事を見られるようになる。苦労であることには変わりがないんですけれども、ちょっと別の方向から見ると、そのとらえ方が変わってくるというような、そういう役目を果たしているんじゃないかと。

談慶　見方を変えれば、下から目線という言い方ですね。

釈　そうそう。下から見るとまた違いますよ、この問題は、っていうことですよね。

談慶　だから下から目線を醸成するための前座修業だったのかな、みたいなことを思います。あ、そっちから見るとそう見えるか、みたいな感じで。隣の芝生は青いというけれども、自分の芝生も隣からは青く見られてるんだよ、と納得するわけですね。高速道路で逆走したおじいちゃんに聞いたら、「あぶねえんだよ、向こうから反対の車来るから」って言うわけですよね（笑）。こっちから見てればおかしいけど、向こうから見りゃそうでもないというふうな見方をするための柔軟運動です。今回の本を通じて、まだまだ世の中は大丈夫だよ、みたいな気持ちになっていただければうれしいですね。

最短距離より回り道

談慶　今のビジネス書は近道ばっかり行って、だからみんなそこに押し寄せると結局渋滞しちゃうという話ですよね。そうじゃなくて回り道して道草したほうがいいんじゃないか。極論すれば、今のビジネス書は、手の甲の部分で触れば痴漢にならないよということを書いている。女性の体に触れたければ、自分が魅力的な男になればいいはずなのに、なんでそういうほうにいっちゃうのかな、みたいな感覚があります。

釈　まさに小手先ですよね。目先、小手先。

談慶　ええ、小手先なんです。なんであんた最短行かないの？　こう触れば痴漢じゃないのにって言われても、いや違う、俺そんなの求めてないから、ということですよね。極論すればみんなそうなっちゃってて。逆に、気がついてみたら身についてた、みたいな感覚って大事だと思うんですよね。自分も9年半前座をやってきたけど、気がついたら、知らず知らずのうちにできるようになっていた、みたいな。本当に、オチがよければすべてじゃないですけど、やっとわかった、最後に謎が解けたみたいなことです。最初からそのスキルとかテクニックを身につけるためにやるんじゃなくて、気がついたら身についてたという感覚ってすごい大事だと思うんですよね。そっちのほうが絶対得だと思うんです。

釈　お話でもどんどんわかりやすいものが好まれ、すぐに理解しやすい枠組みが求められ、誰もが簡単に消費できるようなものばっかりがあふれる。そういう意味では心が縮んじゃってるんでしょうね。もう少し長い間かかってわかるものとか、50歳過ぎてから初めてわかるものとか、そういうものがあっていい。教育もそういうところがあって、本来教育というのは何十年かしてやっと「そういうことだったのか」ってわかるものであるんですけど、今すぐ役に立つものばっかり追い求められると、人文学とか社会学は要らないというような話になっちゃうわけですね。

物語は人生を変える

談慶　小学校のときの卒業文集に、弟の担任の先生が宮沢賢治の詩から「寒さの夏はおろおろ歩き」って書いてくれたんですよ。先生どういう意味？って聞いたら、今はわかんないだろうけど、大きくなったらわかるからいいよって言われて。自分のあさはかな経験ですけど、日本という国は天災が多いじゃないですか。多いけど、「寒さの夏はおろおろ歩き」みたいな言い方で、天災に翻弄される人間を、それでもいいんだと肯定してるんだと。だからお互いかばいあえよということを言ってたのかな、みたいなことをわかりかけてきたのが50過ぎなんです。まだ先生にその真意を問いただしてないんですけども。今は「ググればいい」みたいな感じで、なんでもすぐわかっちゃうじゃないですか。ちょっと後からわかる、いろんな解釈があっていいみたいな、多様性のある世の中になれば楽しいいんでしょうけどね。

釈　そうですよね。やっぱり簡単に手に入るものは簡単に手放しますし、長い間かかって身に備わってくるものが人生の頼りになるということは起こりますね。だからそういう意味では、次から次へと情報を消費して我々は暮らしているんですけれども、そこで物語というのは一つのキーワードだと思ってるんですね。情報と物語をあえて区別して考えてまして、情報というのは、どんなにすばらしい情報でも次のやつがやってきたらもういらなくなっちゃうんですよね。情報は基本的には消費されていくものなんですけども、物語はそうじゃなくて、もうそれに出会ってしまうと、出会う前の自分には戻れない。そういう性質のものを物語と呼ぼうと思ってるんです。消費するような性質のものではないんだと。

談慶　積み重なっていくものでしょうね。

釈　子どものときにトイレの怪談とか怖い話を聞いたりすると、次の日からトイレ行くのが怖くなるじゃないですか。トイレ自体は昨日とおんなじトイレなんですけども、トイレの意味が変わっちゃうんです。だから昨日まで平気で行けていたのが、そのストーリーに出会うと「トイレへ行けない」といった事態が生まれる。それに出会う前にはもう戻れないんですよね。

談慶　出会っちゃったばかりに。

釈　そうです。それと情報とはちょっと区別して考えようと思うんですね。日本人というのは語りを好む傾向があって、お寺でのお説教も今なお求められているし、落語も続いてる。やっぱりそういう物語を求める願いというか、想いみたいなものがあって、人の語りに身をゆだねるようなものは大事にしてきたのかなというふうに思うんですね。

談慶　人生変えちゃうわけですね、物語というのは。

釈　物語というのはそれだけ強い力があるんです。それだけに危険性ももちろんあります。強いだけに危ない。だからいつもみんなでいじくって、もてあそんで、時には笑って、時にはこれに身をゆだねるというようなことが起こる、そういうものですね。我々はそういうものを取り扱うお仕事をさせていただいてるということです。

談慶　ある面、ちょっと危険物ですよね。

釈　だからやっぱり我々、道のまん中を歩いちゃいけない（笑）。できたら隅っこ歩くような感じで。

談慶　調合をまちがえればえらいことになりますから。言葉は狂喜にもなりますし、ナイフのような凶器にもなりますしね。本当にそういう危ないものを取り扱ってるという自覚のために、もしかしたら修業があったのかなとも思います。

みんな落語を聴きましょう

釈　先ほどの総バッシングの話でもありますけども、街を歩いていてもみんなイライラしてますし、高齢者がキレるのもずいぶん目にします。みんなちょっとは落語聴けよって思いますよね。落語を聴きに行ったらもう少しゆるむのに。携帯電話販売の窓口で一番困るのはやっぱり高齢者に怒鳴られることだと言ってました。ぼろかす言われるらしいです。よく目にしますよ、怒鳴ってる高齢者とか。

談慶　去年うちの近くの駐輪場に不法駐輪をチェックする、シルバー人材派遣で来たような超年配の方がいて、それに対してちょっと若い高齢者の方が、「なんで俺の自転車だけつけるんだよ」とか言ってからんでいた。あんまりひどかったからなだめたんですよ、あくまでも低姿勢で。「ちょっとよしましょう」と言ったら、「なんだ、おまえ、文句あんのか」って今度はこっちに矛先を向けてくる。ここで怒れば、私が高齢者に対してからんでると思われちゃうから、「皆さん、ちょっと110番しますね」みたいな感じでみんなの同意を得て110番して、その場は収まったんですが、これには認知症の側面もあるのかなと思ってるんですよね。

釈　たしかに記憶力とか、空間認知能力だけがだめになるんじゃなくって、感情もだめになってくる。だから人に共感する能力とかがだめになってくるんで、自分は怒る権利があるというふうに思っちゃうんですよね。自分は正しく怒ってるという気になってるんですけど。

談慶　ある意味、老化現象の一つですね。

釈　それはあると思います。それにしても、もう少し物事を多面的に見られるようになったりとか、相手の気持ちを推し量るとか、そんなことがないと。落語って基本的にはダメ人間ばっかり出てくるじゃないですか。立派な人が全然出てこない。このダメ人間に腹を立てたりせずに、非難とかもせずに、笑ってくれるのがいい。

談慶　おまえに頼んだ俺がバカだったたって、よく談志に怒られました（笑）。結局それでひと言ですむわけですよね。「なんでちゃんとやんないんだ」と言いたいときに、「おまえに頼んだ俺がバカだった」みたいな感じで。どこかで認知症の人たちが勤めてるお店があると聞きましたが。

釈　ええ、あります、認知症カフェとか。

談慶　そういうので耐性つけてもらって。

釈　そうですよ。認知症カフェって、頼んだ通りのものが出てこなかったりするんですよ（笑）。

談慶　だから今、吉野家とかすき家なんかでベトナムの人とかが働いてて、そこで頼んだものがまちがって出てくるとけっこう怒ってる人いるけど、僕はいいよ、それでって思っちゃいます。違うのが来てもいいじゃん、それも縁だよというふうに思うぐらいでいい。逆に自分がベトナムのコンビニに行って、現地の言葉で応対できるかってできないですよ。それを考えたら、よくやってるなと思って、感謝しか浮かばないはずなのに、なんで向こう側の立場に立たないのかなと思うんですよね。

釈　そうですね。そのあたりはぜひ落語で学んでいただきたいですよね。

談慶　本当にそう。他人からの見方というのは落語でしか学べませんもんね。

釈　などと、落語の特性を再認識したところで、今日のおしゃべりはこのあたりでサゲとしましょうか。

本書はみずほ総合研究所が発行する『Fole』の連載
「立川談慶の人生なんとかなる！」（二〇一五年七月号〜二〇一九年一月号）を加筆・修正したものです。

立川談慶（たてかわ・だんけい）

落語家。1965年生まれ、長野県上田市出身。慶應義塾大学経済学部卒業後、株式会社ワコール入社。1991年、一念発起して立川談志18番目の弟子に。前座名は立川ワコール。2000年二つ目昇進。立川談慶となる。2005年真打昇進。特技はボディビルでベンチプレス120kgを楽々とこなす。主な著書に『大事なことはすべて立川談志に教わった』（KKベストセラーズ）、『なぜ与太郎は頭のいい人よりうまくいくのか』（日本実業出版社）、『落語家直伝 うまい！授業のつくりかた』、『談志語辞典』（共に誠文堂新光社）、『ビジネスエリートがなぜか身につけている教養としての落語』（サンマーク出版）などがある。

人生《じんせい》、オチがよければすべてよし！

2020年2月5日　初版

著者　立川談慶

発行者　株式会社晶文社
東京都千代田区神田神保町1-11　〒101-0051
電話 03-3518-4940（代表）・4942（編集）
URL http://www.shobunsha.co.jp

印刷・製本　ベクトル印刷株式会社

ISBN 978-4-7949-7169-2 Printed in Japan